NOÉ

OTRA TORMENTA SE APROXIMA

E.G. WHITE

Remnant Publications

D1413480

NOÉ

OTRA TORMENTA SE APROXIMA

Remnant Publications, Inc., Coldwater, Michigan, USA
Derechos de autor © 2014 por Remnant Publications
Todos los derechos reservados

Impreso el los Estados Unidos de America

Título original: *Noah: Another Storm is Coming*

Traducción al español: Caleb Torres

Portada por David Berthiaume
Diseño interior por Greg Solie • Altamont Graphics

A menos que se indique, toda cita bíblica ha sido tomada de
la *Reina Valera Antigua.*

Recopilado de las obras de E.G. de White: *Patriarcas y
Profetas, El Deseado de Todas las Gentes,* y *El Conflicto de
los Siglos.*

ISBN 978-1-629130-22-4
RP1168

Otra Tormenta
Se Aproxima

Y como fue en los días de Noé, así también será en los días del Hijo del Hombre. Comían, bebían, los hombres tomaban mujeres, y las mujeres maridos, hasta el día que entró Noé en el arca; y vino el diluvio, y destruyó á todos. Asimismo también como fue en los días de Lot; comían, bebían, compraban, vendían, plantaban, edificaban; mas el día que Lot salió de Sodoma, llovió del cielo fuego y azufre, y destruyó a todos.

—Luc. 17:26-29 RVA

Tabla
de
Contenido

"Como fue en los días de Lot..."

Introducción

Los editores

Sobre la Autora de este Libro

L a Sra. Elena G. de White (1827-1915) vivió y escribió en los tiempos de los más formidables instrumentos que el cielo ha utilizado en la historia de la iglesia cristiana. Fue contemporánea de Dwight L. Moody, FB Meyer, Henry Drummond, RA Torrey, Charles Spurgeon, y Oswald Chambers, quienes impulsaron el progreso del reino de Jesucristo a través de su erudición bíblica, la predicación, y ávidos esfuerzos evangelísticos.

E. G. White impulsó el reino por el poder de la pluma. Una mujer más que ordinaria, dotaba todas sus obras literarias con aquella efervescente ternura de su carácter, lo cual hizo que las revolucionarias ideas de su pluma hallaran amplia recepción entre el pueblo común mientras que desarman al teólogo con su hábil facilidad de expresión. Su pluma ha conmovido a millones de personas, llevándolas a un conocimiento más profundo del Redentor del mundo. Sus escritos además revelan conceptos avanzados en el ámbito de la educación, dan un enfoque mucho mas amplio a la salud física, muestran un aprecio elevado de lo que debe ser el hogar, e impulsan hacia una forma de liderazgo que valora la integridad por sobre toda otro atributo deseable.

A lo largo de su vida escribió más de 5,000 artículos de revistas y fue la autora de 40 libros. Hoy existen más de 120 libros de su autoría, recopilaciones de sus cuantiosos escritos, que se numeran en más de 50,000 páginas de manuscritos. Es algo extraordinario, siendo que su educación formal terminó a los nueve años de edad.

De ahí que Elena G. de White es la escritora femenina que en toda la historia de la literatura se ha traducido a más lenguajes y tiene la distinción de ser el escritor norte-americano más traducido de todos los tiempos, hombre o mujer. Su obra maestra sobre la vida cristiana, titulada *El camino a Cristo*, ha sido publicada en unos 150 idiomas.

El zenit de su logro literario es la serie de cinco volúmenes llamada *Century Classics Collection*. Aclamada por miles como uno de los mejores comentarios de la Biblia, la serie comienza y termina con el lema, "Dios es amor."

Le agradará saber que el libro que tiene en sus manos ha sido extraído de tres de los tomos principales de la serie *Century Classics* de Elena White. Los títulos de esos tres tomos son *Patriarcas y Profetas*, *El Deseado de Todas las Gentes*, y *El Conflicto de los Siglos*. En cada uno de ellos la autora ha expuesto con perspicacia la historia de Noé y su relación a los acontecimientos de Lot, sobrino de Abraham, a nuestro tiempo, y por ende a lo que la Biblia llama el fin del tiempo.

La Sra. White vivió la mayoría de su vida en el siglo diecinueve, y como es característico de los escritores literarios durante ese siglo, los párrafos y capítulos tienden a ser largos. Para facilitar la lectura, en este libro, *Noé: Otra Tormenta se Aproxima*, - los editores han tomado capítulos y párrafos largos y los han separado y, donde fue útil para facilitar la compresión, han insertado subtítulos y extraído citas notables del texto original y las han enfatizado en letra grande. Creemos que estos ajustes editoriales facilitarán la lectura para el lector moderno. Finalmente, queremos enfatizar que ninguno de estos ajustes editoriales ha resultado en la alteración del texto original de las obras de Elena de White, fuente literaria de esta pequeña obra.

El Mensaje del Libro

La triple división de este libro se organiza mediante las expresiones bíblicas "Como fue en los días de Noé," "Como fue en los días de Lot," y "Como en aquel día." Esto se ha hecho con el propósito de guiar al lector a través de los eventos particulares de la vida del patriarca Noé, a nuestro tiempo, para terminar en el día en que Cristo vuelva. En agregado, las tres épocas pintan un cuadro esclarecedor del gran conflicto entre el bien y el mal, la verdad y el error, Cristo y Satanás.

En la primera parte de esta obra, y en base al relato bíblico, la autora presenta profundas reflexiones devocionales del diluvio y de la vida de Noé. Ofrece al lector un raciocinio bíblico, a fin de establecer firmemente la fiabilidad del hecho histórico del diluvio, y responde con gentileza a los ataques de escépticos. Expone al lector la conexión entre el diluvio y la existencia de los fósiles, el registro geológico, las condición de la superficie de la tierra y mucho más. Traza el origen de las diferentes razas y sus idiomas hasta llegar a los descendientes de Noé y los eventos de la Torre de Babel.

La narración encauza las disciplinas de teología y de la ciencia de una manera que es alentadora e informativa.

Los editores ofrecen este libro con la esperanza de que los lectores serán dirigidos a apreciar la Palabra de Dios como la guía de la vida, a vivirla en vida.

La humildad de la persona de Elena White empapa todas sus obras escritas. Y este libro no ha sido una excepción. Con delicadeza, la autora encuentra al científico y al teólogo en sus disciplinas y les insta a que entren a lo desconocido con decoro y reverencia. Tal actitud no es una muleta para esconder una falta de intelecto, sino al contrario representa un trato honesto que reconoce las limitaciones naturales del intelecto humano, siendo que Dios se valió no sólo de medios naturales para destruir el mundo por el diluvio, sino utilizó además medios sobrenaturales. El hombre puede trazar de la causa al efecto en las ciencias naturales, más frente a lo sobrenatural, su intelecto más brillante queda anonadado.

La agudeza de su entendimiento brilla aún más en la Segunda Parte, donde traza los paralelismos entre el diluvio y la inundación a fuego de Sodoma y Gomorra. Así, hemos editado el material para permitirle a la autora desarrollar mejor estos delicados temas y lo hemos hecho en la sección titulada, "Como fue en los días de Lot." De manera magistral, muestra cómo Dios puede mantener su administración eternamente benéfica y amante mientras que ejerce Su justicia como lo hizo en los días de Noé y de Lot.

Aunque en la narración presentamos las porciones destructivas de las crónicas, la autora no nos deja sumados en un pesimismo pertinaz. En la Tercera Parte, nos pinta el contraste entre la destrucción repentina y la redención final. Finalmente, con una destreza asombrosa la autora descorre el velo de nuestra realidad y nos lleva a un tiempo y lugar en el cual muchas de nuestras preguntas más profundas, asuntos del corazón, son esclarecidas a través de una antigua lucha que ella llama, "el conflicto de los siglos." Al hacerlo, su objetivo no es sólo abrir nuestro entendimiento, sino dotarnos de esperanza. La esperanza de que Dios nos librará finalmente de este pesaroso tiempo de angustias. La esperanza de que algún día el universo pulsara unido en armonía.

Los editores ofrecen este libro - *Noé: Otra Tormenta se Aproxima* - con la esperanza de que los lectores serán dirigidos a apreciar la Palabra de Dios como la guía de la vida, a vivir en vida lo que es conocer a Jesucristo como Salvador personal, a desarrollar una fe como la fe que Noé tuvo - una fe indomable que establece a todo aquel que ha alcanzado la verdadera novedad de vida.

"Por la fe Noé, habiendo recibido respuesta de cosas que aun no se veían, con temor aparejó el arca en que su casa se salvase: por la cual fe condenó al mundo, y fué hecho heredero de la justicia que es por la fe." (Hebreos 11:7 RVA)

Otra tormenta se aproxima. Seamos el "Noé" de nuestro tiempo.

Primera Parte

Preguntas para dialogar

- *¿Cuáles fueron las condiciones físicas y morales del mundo antediluviano?*

- *¿Qué mensaje predicó Noé al construir el arca, y cómo fue recibido?*

- *¿Qué fue lo que en realidad sucedió durante y después del diluvio, y cómo nos ayuda a explicar la existencia de los fósiles, ciertas características físicas en la superficie de la tierra, y la existencia de fenómenos naturales como los terremotos y los volcanes?*

- *Admiramos el arco iris por su belleza, sin embargo, ¿qué significado tiene?*

- *¿Cuál es la relación entre la realidad de la creación y el diluvio y la fe y la ciencia?*

- *¿Cuál es la conexión entre el origen de las razas y lenguajes y su relación a los descendientes de Noé y los eventos de la Torre de Babel?*

La Historia Verídica

"Como fue en los días de Noé..."

Y como fue en los días de Noé, *así también será en los días del Hijo del hombre. Comían, bebían, los hombres tomaban mujeres, y las mujeres maridos, hasta el día que entró Noé en el arca; y vino el diluvio, y destruyó á todos. (Luc. 17:26-27 RVA, énfasis añadido)*

Sabiendo primero esto, que en los postrimeros días vendrán burladores, andando según sus propias concupiscencias, y diciendo: ¿Dónde está la promesa de su advenimiento? porque desde el día en que los padres durmieron, todas las cosas permanecen así como desde el principio de la creación. Cierto ellos ignoran voluntariamente, que los cielos fueron en el tiempo antiguo, y la tierra que por agua y en agua está asentada, por la palabra de Dios; por lo cual el mundo de entonces pereció anegado en agua: Mas los cielos que son ahora, y la tierra, son conservados por la misma palabra, guardados para el fuego en el día del juicio, y de la perdición de los hombres impíos. (2 Ped. 3:3-7 RVA)

Capí

La Construcc

El Diluvio – Pr

En los días de Noé pesaba sobre la tierra una ~~dobl~~ como consecuencia de la transgresión de Adán y del asesina to cometido por Caín. No obstante esta circunstancia, la faz de la naturaleza no había cambiado mucho. Había señales evidentes de decadencia, pero la tierra todavía era bella y rica con los regalos de la providencia de Dios. Las colinas estaban coronadas de majestuosos árboles que sostenían los sarmientos cargados del fruto de la vid. Las vastas planicies que semejaban jardines estaban vestidas de suave verdor y endulzadas con la fragancia de miles de flores. Los frutos de la tierra eran de una gran variedad y de una abundancia casi ilimitada. Los árboles superaban en tamaño, belleza y perfecta simetría, a los más hermosos del presente; la madera era de magnífica fibra y de dura substancia, muy parecida a la piedra, y apenas un poco menos durable que ésta. Además, abundaban el oro, la plata y las piedras preciosas.

El linaje humano aun conservaba mucho de su vigor original. Sólo pocas generaciones habían pasado desde que Adán había tenido acceso al árbol que había de prolongar la vida; y la unidad de la existencia del hombre era todavía el siglo. Si aquellas personas dotadas de longevidad hubieran dedicado al servicio de Dios sus excepcionales facultades para hacer planes y ejecutarlos, habrían hecho del nombre de su Creador un motivo de alabanza en la tierra, y habrían cumplido el motivo por el cual él les dio la vida. Pero dejaron de hacerlo. Había muchos gigantes, hombres de gran estatura y fuerza, renombrados por su sabiduría, hábiles para proyectar las más sutiles y maravillosas obras; pero la culpa en que incurrieron al dar rienda suelta a la iniquidad fue proporcional a su pericia y habilidad mentales.

...do Antediluviano

...cos y variados dones a estos antediluvianos; pero ...glorificarse a sí mismos, y los trocaron en maldición ...afectos en ellos más bien que en Aquel que se los había ...aron el oro y la plata, las piedras preciosas y las maderas ...en la construcción de mansiones para sí y trataron de su... ...e unos a otros en el embellecimiento de sus moradas con las ...hábiles obras del ingenio humano. Sólo procuraban satisfacer los ...seos de sus orgullosos corazones, y se aturdían en escenas de placer y perversidad. No deseando conservar a Dios en su memoria, no tardaron en negar su existencia. Adoraban a la naturaleza en lugar de rendir culto al Dios de la naturaleza. Glorificaban al ingenio humano, adoraban las obras de sus propias manos, y enseñaban a sus hijos a postrarse ante imágenes esculpidas.

Construyeron altares a sus ídolos en los verdes campos y bajo la sombra de hermosos árboles. Bosques extensos, que conservaban su follaje siempre verde, eran dedicados al culto de dioses falsos. A estos bosques estaban unidos bellos jardines, con largas y sinuosas avenidas adornadas de árboles cargados de frutos, y de toda clase de estatuas; todo lo cual estaba provisto de cuanto podía agradar a los sentidos y fomentar los voluptuosos deseos del pueblo, y así inducirlo a participar del culto idólatra.

El hombre no se elevará más allá de sus conceptos acerca de la verdad, la pureza y la santidad.

Los hombres eliminaron a Dios de su mente, y adoraron las creaciones de su propia imaginación; y como consecuencia, se degradaron más y más. El salmista describe el efecto producido por la adoración de ídolos sobre quienes la practican. "Como ellos son los que los hacen; cualquiera que en ellos confía." (Sal. 115:8.)

Es una ley del espíritu humano que nos hacemos semejantes a lo que contemplamos. El hombre no se elevará más allá de sus conceptos acerca de la verdad, la pureza y la santidad. Si el espíritu no sube nunca más arriba que el nivel humano, si no se eleva mediante la fe para comprender la sabiduría y el amor infinitos, el hombre irá hundiéndose cada vez más. Los adoradores de falsos dioses revestían a sus deidades de cualidades y pasiones humanas, y rebajaban así sus normas de carácter a la semejanza de la humanidad pecaminosa. Como resultado lógico se corrompieron.

"Y vio Jehová que la malicia de los hombres era mucha en la tierra, y que todo designio de los pensamientos del corazón de ellos era de continuo solamente el mal. … Y corrompióse la tierra delante de Dios, y estaba la tierra llena de violencia." (Gén. 6:5, 11.) Dios había dado a los hombres sus mandamientos como norma de vida, pero su ley fue quebrantada, y como resultado cometieron todos los pecados concebibles. La impiedad de los hombres fue manifiesta y osada, la justicia fue pisoteada en el polvo, y las lamentaciones de los oprimidos ascendieron hasta el cielo.

La poligamia había sido introducida desde temprano, contra la divina voluntad manifestada en el principio. El Señor dio a Adán una mujer, revelando así su órdenes. Pero después de la caída, los hombres prefirieron seguir sus deseos pecaminosos: y como resultado, aumentaron rápidamente los delitos y la desgracia. No se respetaba el vínculo matrimonial ni los derechos de propiedad. Cualquiera que codiciaba las mujeres o los bienes de su prójimo, los tomaba por la fuerza, y los hombres se regocijaban en sus hechos de violencia. Gozaban matando los animales; y el consumo de la carne como alimento los volvía aún más crueles y sedientos de sangre, hasta que llegaron a considerar la vida humana con sorprendente indiferencia.

La iniquidad del género humano se había hecho tan profunda y general que Dios no pudo soportarla más.

El mundo estaba en su infancia; no obstante, la iniquidad del género humano se había hecho tan profunda y general que Dios no pudo soportarla más; y dijo: "Raeré los hombres que he creado de sobre la faz de la tierra." (Vers 7; véase el Apéndice, nota 1.) Declaró que su Espíritu no contendería para siempre con la humanidad culpable. Si los hombres no cesaban de manchar el mundo y sus ricos tesoros con sus pecados, los borraría de su creación, y destruiría las cosas que con tanta delicia les había brindado; arrebataría las bestias de los campos, y la vegetación que les suministraba abundante abastecimiento de alimentos, y transformaría la bella tierra en un vasto panorama de desolación y ruina.

La Construcción del Arca

En medio de la corrupción reinante, Matusalén, Noé y muchos más, trabajaron para conservar el conocimiento del verdadero Dios y para detener la ola del mal. Ciento veinte años antes del diluvio, el Señor, mediante un santo ángel, comunicó a Noé su propósito, y le ordenó que construyese un arca. Mientras la construía, había de predicar que Dios iba a traer sobre la tierra un diluvio para destruir a los impíos, Los que creyesen en el mensaje, y se preparasen para ese acontecimiento mediante el arrepentimiento y la reforma, obtendrían perdón y serían salvos. Enoc habla repetido a sus hijos lo que Dios le habla manifestado tocante al diluvio, y Matusalén y sus hijos, que alcanzaron a oír las prédicas de Noé, le ayudaron en la construcción del arca.

Dios dio a Noé las dimensiones exactas del arca, y explícitas instrucciones acerca de todos los detalles de su construcción. La sabiduría humana no podría haber ideado una estructura de tanta solidez y durabilidad. Dios fue el diseñador, y Noé el maestro constructor. Se construyó como el casco de un barco, para que pudiese flotar en el agua, pero en ciertos aspectos se parecía más a una casa. Tenía tres pisos, con sólo una puerta en un costado. La luz entraba por la parte superior, y las distintas secciones estaban arregladas de tal manera que todas recibían luz. En la construcción del arca se empleó madera de ciprés, que duraría cientos de años. La construcción de esta estructura fue un proceso lento y trabajoso. A pesar de la gran fuerza que poseían los hombres de aquel entonces, debido al gran tamaño de los árboles y la naturaleza de la madera, se necesitaba mucho más tiempo que ahora para prepararla. Se hizo todo lo humanamente posible para que la obra resultase perfecta; sin embargo, el arca de por sí no hubiera podido soportar la tempestad que había de venir sobre la tierra. Sólo Dios podía guardar a sus siervos de las aguas borrascosas.

"Por la fe Noé, habiendo recibido respuesta de cosas que aun no se veían, con temor aparejó el arca en que su casa se salvase: por la cual fe condenó al mundo, y fue hecho heredero de la justicia que es por la fe." (Heb. 11:7.) Mientras Noé daba al mundo su mensaje de amonestación, sus obras demostraban su sinceridad. Así se perfeccionó y manifestó su fe. Dio al mundo el ejemplo de creer exactamente lo que Dios dice. Todo lo que poseía lo invirtió en el arca. Cuando empezó a construir aquel inmenso barco en tierra seca, multitudes vinieron de todos los rumbos a ver aquella extraña escena, y a oír las palabras serias y fervientes de aquel singular predicador. Cada martillazo dado en la construcción del arca era un testimonio para la gente.

Al principio, pareció que muchos recibirían la advertencia; sin embargo, no se volvieron a Dios con verdadero arrepentimiento. No quisieron renunciar a sus pecados. Durante el tiempo que precedió al diluvio, su fe fue probada, pero ellos no resistieron esa prueba. Vencidos por la incredulidad reinante, se unieron a sus antiguos camaradas para rechazar el solemne mensaje. Algunos estaban profundamente convencidos, y hubieran atendido la amonestación; pero eran tantos los que se mofaban y los ridiculizaban, que terminaron por participar del mismo espíritu, resistieron a las invitaciones de la misericordia, y pronto se hallaron entre los más atrevidos e insolentes burladores; pues nadie es tan desenfrenado ni se hunde tanto en el pecado como los que una vez conocieron la luz, pero resistieron al Espíritu que convence de pecado.

Los Profesos Adoradores de Dios

No todos los hombres de aquella generación eran idólatras en el sentido estricto de la palabra. Muchos profesaban ser adoradores de Dios. Alegaban que sus ídolos eran imágenes de la Deidad, y que por su medio el pueblo podía formarse una concepción más clara del Ser divino. Esta clase sobresalía en el menosprecio del mensaje de Noé. Al tratar de representar a Dios mediante objetos materiales, cegaron sus mentes en lo que respectaba a la majestad y al poder del Creador; dejaron de comprender la santidad de su carácter, y la naturaleza sagrada e inmutable de sus requerimientos.

A medida que el pecado se generalizaba, les parecía cada vez menos grave, y terminaron por declarar que la ley divina ya no estaba en vigor; que era contrario al carácter de Dios castigar la transgresión; y negaron que sus juicios se harían sentir en la tierra. Si los hombres de aquella generación hubieran obedecido la ley divina, habrían reconocido la voz de Dios en la amonestación de su siervo; pero al rechazar la luz sus mentes se habían vuelto tan ciegas, que creyeron de veras que el mensaje de Noé era un engaño.

No fueron las multitudes o las mayorías las que se colocaron de parte de lo justo. El mundo se puso contra la justicia y las leyes de Dios, y Noé fue considerado fanático. Satanás, al tentar a Eva para que desobedeciese a Dios, le dijo: "No moriréis." (Gén. 3:4.) Grandes hombres del mundo, honrados y sabios, repitieron lo mismo. "Las amenazas de Dios—dijeron—tienen por fin intimidarnos y nunca se realizarán. No debéis alarmaros. Nunca se producirá la destrucción de la tierra por el Dios que la hizo ni el castigo de los seres que él creó. Podéis estar tranquilos; no temáis. Noé es un descabellado fanático." El mundo se reía de la locura del iluso anciano. En vez de humillar sus corazones ante Dios, persistieron en su desobediencia e impiedad, como si Dios no les hubiera hablado por su siervo.

> *El mundo se puso contra la justicia y las leyes de Dios, y Noé fue considerado fanático.*

Pero Noé se mantuvo como una roca en medio de la tempestad. Rodeado por el desdén y el ridículo popular, se distinguió por su santa integridad y por su inconmovible fidelidad. Sus palabras iban acompañadas de poder, pues eran la voz de Dios que hablaba a los hombres por medio de su siervo. Su relación con Dios le comunicaba la fuerza del poder infinito, mientras que, durante ciento veinte años, su voz solemne anunció a oídos de aquella generación acontecimientos que, en cuanto podía juzgar la sabiduría humana, estaban fuera de toda posibilidad.

Razonamiento Humano

El mundo antediluviano razonaba que las leyes de la naturaleza habían sido estables durante muchos siglos. Las estaciones se habían sucedido unas a otras en orden. Hasta entonces nunca había llovido; la tierra había sido regada por una niebla o el rocío. Los ríos nunca habían salido de sus cauces, sino que habían llevado sus aguas libremente hacia el mar. Leyes fijas habían mantenido las aguas dentro de sus límites naturales. Pero estos razonadores no reconocían la mano del que había detenido las aguas diciendo: "Hasta aquí vendrás, y no pasarás adelante." (Job 38:11).

A medida que transcurría el tiempo sin ningún cambio visible en la naturaleza, los hombres cuyo corazón a veces había temblado de temor comenzaron a tranquilizarse. Razonaron, como muchos lo hacen hoy, que la naturaleza está por encima del Dios de la naturaleza, y que sus leyes están tan firmemente establecidas que el mismo Dios no podría cambiarlas. Alegando que si el mensaje de Noé fuese correcto, la naturaleza tendría que cambiar su curso, hicieron que ese mensaje apareciera ante el mundo como un error, como un gran engaño. Demostraron su desdén por la amonestación de Dios haciendo exactamente las mismas cosas que habían hecho antes de recibir la advertencia. Continuaron sus fiestas y glotonerías; siguieron comiendo y bebiendo, plantando y edificando, haciendo planes con referencia a beneficios que esperaban obtener en el futuro; y se hundieron más profundamente en la impiedad y el obstinado menosprecio de los requerimientos de Dios, para mostrar que no temían al Ser infinito. Afirmaban que si fuese cierto lo que Noé había dicho, los hombres de fama, los sabios, los prudentes y los grandes lo habrían comprendido.

> *Razonaron, como muchos lo hacen hoy, que la naturaleza está por encima del Dios de la naturaleza.*

Si los antediluvianos hubiesen creído la advertencia y se hubiesen arrepentido de sus obras impías, el Señor habría desistido de su ira, como lo hizo más tarde con Nínive. Pero con su obstinada resistencia a los reproches de la conciencia y a las advertencias del profeta de Dios, aquella generación llenó la copa de su iniquidad y maduró para la destrucción.

La Ultima Suplica de Noe

Su tiempo de gracia estaba a punto de concluir. Noé había seguido fielmente las instrucciones que había recibido de Dios. El arca se terminó en todos sus aspectos como Dios lo había mandado, y fue provista de alimentos para los hombres y las bestias. Y entonces el siervo de Dios dirigió su última y solemne súplica a la gente. Con anhelo indecible, les rogó que buscasen refugio mientras era posible encontrarlo. Nuevamente rechazaron sus palabras, y alzaron sus voces en son de burla y de mofa.

Si los antediluvianos hubiesen creído la advertencia y se hubiesen arrepentido de sus obras impías, el Señor habría desistido de su ira.

De repente reinó el silencio entre aquella multitud escarnecedora. Animales de toda especie, desde los más feroces hasta los más mansos, se veían venir de las montañas y los bosques, y dirigirse tranquilamente hacia el arca. Se oyó un ruido como de un fuerte viento, y he aquí los pájaros que venían de todas direcciones en tal cantidad que obscurecieron los cielos, y entraban en el arca en perfecto orden. Los animales obedecían la palabra de Dios, mientras que los hombres la desobedecían. Dirigidos por santos ángeles, "de dos en dos entraron a Noé en el arca," y los animales limpios de "siete en siete." (Gén. 7:9, 2.)

El mundo miraba maravillado, algunos hasta con temor. Llamaron a los filósofos para que explicasen aquel singular suceso, pero fue en vano. Era un misterio que no podían comprender. Pero los corazones de los hombres se habían endurecido tanto, al rechazar obstinadamente la luz, que aun esta escena les produjo sólo una impresión pasajera. La raza condenada contemplaba el sol en toda su gloria y la tierra revestida casi de la belleza del Edén, y ahuyentó sus crecientes temores mediante ruidosas diversiones; y mediante actos de violencia pareció atraer sobre sí la ya despierta ira de Dios.

Capítulo 2

Basado en Génesis 6 y 7.

Destrucción por las Aguas

El Diluvio – Segunda Parte

Dios mandó a Noé: "Entra tú y toda tu casa en el arca; porque a ti he visto justo delante de mí en esta generación." (Gén. 7:1.) Las advertencias de Noé habían sido rechazadas por el mundo, pero su influencia y su ejemplo habían sido una bendición para su familia. Como premio por su fidelidad e integridad, Dios salvó con él a todos los miembros de su familia. ¡Qué estímulo para la fidelidad de los padres!

La misericordia dejó de suplicar a la raza culpable. Las bestias de los campos y las aves del aire habían entrado en su refugio. Noé y su familia estaban en el arca; "y Jehová le cerró la puerta." (Vers. 16.) Se vio un relámpago deslumbrante, y una nube de gloria más vívida que el relámpago descendió del cielo para cernerse ante la entrada del arca. La maciza puerta, que no podían cerrar los que estaban dentro, fue puesta lentamente en su sitio por manos invisibles. Noé quedó adentro y los que habían desechado la misericordia de Dios quedaron afuera. El sello del cielo fue puesto sobre la puerta; Dios la había cerrado, y sólo Dios podía abrirla. Asimismo, cuando Cristo deje de interceder por los hombres culpables, antes de su venida en las nubes del cielo, la puerta de la misericordia será cerrada. Entonces la gracia divina ya no refrenará más a los impíos, y Satanás tendrá dominio absoluto sobre los que hayan rechazado la misericordia divina. Pugnarán ellos

> *Noé quedó adentro y los que habían desechado la misericordia de Dios quedaron afuera.*

por destruir al pueblo de Dios; pero así como Noé fue guardado en el arca, los justos serán escudados por el poder divino.

Durante siete días después que Noé y su familia hubieron entrado en el arca, no aparecieron señales de la inminente tempestad. Durante ese tiempo se probó su fe. Fue un momento de triunfo para el mundo exterior. La aparente tardanza confirmaba la creencia de que el mensaje de Noé era un error y que el diluvio no ocurriría. A pesar de las solemnes escenas que habían presenciado, al ver cómo las bestias y las aves entraban en el arca, y el ángel de Dios cerraba la puerta, continuaron las burlas y orgías, y hasta se mofaron los hombres de las manifiestas señales del poder de Dios. Se reunieron en multitudes alrededor del arca para ridiculizar a sus ocupantes con una audacia violenta que no se habían atrevido a manifestar antes.

La Destrucción

Pero al octavo día obscuros nubarrones cubrieron los cielos. Y comenzó el estallido de los truenos y el centellear de los relámpagos. Pronto grandes gotas de agua comenzaron a caer. Nunca había presenciado el mundo cosa semejante y el temor se apoderó del corazón de los hombres. Todos se preguntaban secretamente: "¿Será posible que Noé tuviera razón y que el mundo se halle condenado a la destrucción?" El cielo se obscurecía cada vez más y la lluvia caía más aprisa. Las bestias rondaban presas de terror, y sus discordantes aullidos parecían lamentar su propio destino y la suerte del hombre. Entonces "fueron rotas todas las fuentes del grande abismo, y las cataratas de los cielos fueron abiertas." (Vers. 11.) El agua se veía caer de las nubes cual enormes cataratas. Los ríos se salieron de madre e inundaron los valles. Torrentes de aguas brotaban de la tierra con fuerza indescriptible, arrojando al aire, a centenares de pies,* macizas rocas, que al caer se sepultaban profundamente en el suelo.

> *El terror de los hombres y los animales era indescriptible.*
>
>

La gente presenció primeramente la destrucción de las obras de sus manos. Sus espléndidos edificios, sus bellos jardines y alamedas donde habían colocado sus ídolos, fueron destruidos por los rayos, y sus escombros fueron diseminados. Los altares donde habían ofrecido sacrificios humanos fueron destruidos, y los adoradores temblaron ante el poder del Dios viviente, y comprendieron que había sido su corrupción e idolatría lo que había provocado su destrucción.

A medida que la violencia de la tempestad aumentaba, árboles, edificios, rocas y tierra eran lanzados en todas direcciones. El terror de los hombres y los animales era indescriptible. Por encima del rugido de la tempestad podían escucharse los lamentos de un pueblo que había despreciado la autoridad de Dios. El mismo Satanás, obligado a permanecer en medio de los revueltos elementos, temió por su propia existencia. Se había deleitado en dominar tan poderosa raza, y deseaba que los hombres viviesen para que siguieran practicando sus abominaciones y rebelándose contra el Rey del cielo. Ahora lanzaba maldiciones contra Dios, culpándolo de injusticia y de crueldad. Muchos, como Satanás, blasfemaban contra Dios, y si hubiesen podido, le habrían arrojado del trono de su poder. Otros, locos de terror, extendían las manos hacia el arca, implorando que les permitieran entrar. Pero sus súplicas fueron vanas. Su conciencia despertó, por fin, y se convencieron de que hay en los cielos un Dios que lo gobierna todo. Le invocaron con fervor, pero los oídos del Creador no escuchaban sus súplicas.

En aquella terrible hora vieron que la transgresión de la ley de Dios había ocasionado su ruina.

En aquella terrible hora vieron que la transgresión de la ley de Dios había ocasionado su ruina. Pero, si bien por temor al castigo reconocían su pecado, no sentían verdadero arrepentimiento ni verdadera repugnancia hacia el mal. Habrían vuelto a su desafío contra el cielo, si se les hubiese librado del castigo. Así también cuando los juicios de Dios caigan sobre la tierra antes del diluvio de fuego, los impíos sabrán exactamente en qué consiste su pecado: en haber menospreciado su santa ley. Sin embargo, su arrepentimiento no será más genuino que el de los pecadores del mundo antiguo.

Algunos, en su desesperación, trataron de romper el arca para entrar en ella; pero su firme estructura soportó todos estos intentos.

Otros se asieron del arca hasta que fueron arrancados de ella por las embravecidas aguas o por los choques con las rocas y los árboles. Todas las fibras de la maciza arca temblaban cuando era golpeada por los vientos inmisericordes, y una ola la arrojaba a la otra. Los rugidos de los animales que estaban dentro del arca expresaban su miedo y dolor. Pero en medio de los revueltos elementos el arca continuaba flotando con toda seguridad. Ángeles muy poderosos habían sido enviados para protegerla.

> *Ángeles muy poderosos habían sido enviados para protegerla.*

Los animales expuestos a la tempestad corrían hacia los hombres, como si esperasen ayuda de ellos. Algunas personas se ataron, juntamente con sus hijos, en los lomos de poderosos animales, sabiendo que éstos eran tenaces para conservar la vida, y que subirían a los picos más altos para escapar de las crecientes aguas. Otros se ataron a altos árboles en la cumbre de las colinas o las montañas; pero los árboles fueron desarraigados, y juntamente con su cargamento de seres vivientes fueron lanzados a las bullentes olas. Sitio tras sitio que prometía seguridad era abandonado. A medida que las aguas subían más y más, la gente huía a las más elevadas montañas en busca de refugio. En muchos lugares podía verse a hombres y animales que luchaban por asentar pie en un mismo sitio hasta que al fin unos y otros eran barridos por la furia de los elementos.

Desde las cimas más altas, los hombres contemplaban un enorme océano sin playas. Las solemnes amonestaciones del siervo de Dios ya no eran objeto de ridículo y mofa. ¡Cuánto habrían deseado estos pecadores condenados a morir que se les volviera a deparar la oportunidad que habían menospreciado! ¡Cómo imploraban que se les diera una hora más de gracia, otra manifestación de misericordia, otra invitación de labios de Noé! Pero ya no habían de oír la dulce voz de misericordia. El amor, no menos que la justicia, exigía que los juicios de Dios pusiesen término al pecado. Las aguas vengadoras barrieron el último refugio, y los que habían despreciado a Dios perecieron finalmente en las obscuras profundidades.

Otra Tormenta Se Aproxima

"Por la palabra de Dios ... el mundo de entonces pereció anegado en agua: Mas los cielos que son ahora, y la tierra, son conservados por la misma palabra, guardados para el fuego en el día del juicio, y de la perdición de los hombres impíos." (2 Ped. 3:5-7.) Otra tempestad se aproxima ahora. La tierra será otra vez barrida por la asoladora ira de Dios, y el pecado y los pecadores serán destruidos.

Los pecados que acarrearon la venganza sobre el mundo antediluviano. existen hoy. El temor de Dios ha desaparecido de los corazones de los hombres, y su ley se trata con indiferencia y desdén. La intensa mundanalidad de aquella generación es igualada por la de la presente. Cristo dijo: "Porque como en los días antes del diluvio estaban comiendo y bebiendo, casándose y dando en casamiento, hasta el día que Noé entró en el arca, y no conocieron hasta que vino el diluvio y llevó a todos, así será también la venida del Hijo del hombre." (Mat. 24:38, 39.)

> *La tierra será otra vez barrida por la asoladora ira de Dios, y el pecado y los pecadores serán destruidos.*

Dios no condenó a los antediluvianos porque comían y bebían; les había dado los frutos de la tierra en gran abundancia para satisfacer sus necesidades materiales. Su pecado consistió en que tomaron estas dádivas sin ninguna gratitud hacia el Dador, y se rebajaron entregándose desenfrenadamente a la glotonería. Era lícito que se casaran. El matrimonio formaba parte del plan de Dios; fue una de las primeras instituciones que él estableció. Dio instrucciones especiales tocante a esta institución, revistiéndola de santidad y belleza; pero estas instrucciones fueron olvidadas y el matrimonio fue pervertido y puesto al servicio de las pasiones humanas.

Los Días de Noe y Nuestros Días

Condiciones semejantes prevalecen hoy día. Lo que es lícito en sí es llevado al exceso. Se complace al apetito sin restricción. Hoy muchos de los que profesan ser cristianos comen y beben en compañía de los borrachos mientras sus nombres aparecen en las listas de honor de las iglesias. La intemperancia entorpece las facultades morales y espirituales, y prepara el dominio de las pasiones bajas. Multitudes de personas no sienten la obligación moral de dominar sus apetitos sensuales y se vuelven esclavos de la concupiscencia. Los hombres viven sólo para el placer de los sentidos; únicamente para este mundo y para esta vida. El despilfarro prevalece en todos los círculos sociales. La integridad se sacrifica en aras del lujo y la ostentación. Los que quieren enriquecerse rápidamente corrompen la justicia y oprimen a los pobres; y todavía se compran y venden "siervos, y las almas de los hombres." El engaño, el soborno y el robo se cometen libremente entre humildes y encumbrados. La prensa abunda en noticias de asesinatos y crímenes ejecutados tan a sangre fría y sin causa, que parecería que todo instinto de humanidad hubiese desaparecido. Estos crímenes atroces son hoy día sucesos tan comunes que apenas motivan un comentario o causan sorpresa. El espíritu de anarquía está penetrando en todas las naciones, y los disturbios que de vez en cuando excitan el horror del mundo, no son sino señales de los reprimidos fuegos de las pasiones y de la maldad que, una vez que escapen al dominio de las leyes, llenarán el mundo de miseria y de desolación.

These atrocities have become of so common occurrence that they hardly elicit a comment or awaken surprise.

El cuadro del mundo antediluviano que pintó la inspiración representa con fiel veracidad la condición a la cual la sociedad moderna está llegando rápidamente. Ahora mismo, en el presente siglo, y en países que se llaman cristianos, se cometen diariamente crímenes tan negros y atroces, como aquellos por los cuales los pecadores del antiguo mundo fueron destruidos.

Antes del diluvio, Dios mandó a Noé que diese aviso al mundo, para que los hombres fuesen llevados al arrepentimiento, y para que así escapasen a la destrucción. A medida que se aproxima el momento de la segunda venida de Cristo, el Señor envía a sus siervos al mundo con una amonestación para que los hombres se preparen para ese gran acontecimiento. Multitudes de personas han vivido violando la ley de Dios, y ahora, con toda misericordia, las llama para que obedezcan sus sagrados preceptos. A todos los que abandonen sus pecados mediante el arrepentimiento para con Dios y la fe en Cristo, se les ofrece perdón. Pero muchos creen que renunciar al pecado es hacer un sacrificio demasiado grande. Porque su vida no está en armonía con los principios puros del gobierno moral de Dios, rechazan sus amonestaciones y niegan la autoridad de su ley.

Antes de que el Legislador venga a castigar a los desobedientes, exhorta a los transgresores a que se arrepientan y vuelvan a su lealtad.

Solamente ocho almas de la enorme población antediluviana creyeron y obedecieron la palabra que Dios les habló por labios de Noé. Durante ciento veinte años el predicador de la justicia amonestó al mundo acerca de la destrucción que se aproximaba; pero su mensaje fue desechado y despreciado. Lo mismo sucederá ahora. Antes de que el Legislador venga a castigar a los desobedientes, exhorta a los transgresores a que se arrepientan y vuelvan a su lealtad; pero para la mayoría estas advertencias serán vanas.

Una Falsa Doctrina del Milenio

Dice el apóstol Pedro: "En los postrimeros días vendrán burladores, andando según sus propias concupiscencias, y diciendo: ¿Dónde está la promesa de su advenimiento? porque desde el día en que los padres durmieron, todas las cosas permanecen así como desde el principio de la creación." (2 Ped. 3:3, 4.) ¿No oímos repetir hoy estas mismas palabras, no sólo por los impíos, sino también por muchos que ocupan los púlpitos en nuestra tierra? "No hay motivo de alarma—dicen.—Antes de que venga Cristo, se ha de convertir el mundo entero, y la justicia ha de reinar durante mil años. ¡Paz, paz! Todo permanece así como desde el principio. Nadie se turbe por el inquietante mensaje de estos alarmistas."

Pero esta doctrina del milenario no está en armonía con las enseñanzas de Cristo y de los apóstoles. Jesús hizo esta pregunta significativa: "Cuando el Hijo del hombre viniere, ¿hallará fe en la tierra?" (Luc. 18:8.) Como hemos visto, él manifiesta que el estado del mundo será como en los días de Noé. San Pablo nos recuerda que la impiedad aumentará a medida que se acerque el fin: "El Espíritu dice manifiestamente, que en los venideros tiempos algunos apostatarán de la fe, escuchando a espíritus de error y a doctrinas de demonios." (1 Tim. 4:1.) El apóstol dice que "en los postreros días vendrán tiempos peligrosos." (2 Tim. 3:1.) Y nos da una tremenda lista de pecados que se notarían entre quienes tendrían apariencia de piedad.

Buscando Placeres y Diversiones

Mientras que su tiempo de gracia estaba concluyendo, los antediluvianos se entregaban a una vida agitada de diversiones y festividades. Los que poseían influencia y poder se empeñaban en distraer la atención del pueblo con alegrías y placeres para que ninguno se dejara impresionar por la última solemne advertencia. ¿No vemos repetirse lo mismo hoy? Mientras los siervos de Dios proclaman que el fin de todas las cosas se aproxima, el mundo va en pos de los placeres y las diversiones. Hay constantemente abundancia de excitaciones que causan indiferencia hacia Dios e impiden que la gente sea impresionada por las únicas verdades que podrían salvarla de la destrucción que se avecina.

Razonamiento de los Filósofos

En los días de Noé, los filósofos declararon que era imposible que el mundo fuese destruido por el agua; asimismo hay ahora hombres de ciencia que tratan de probar que el mundo no puede ser destruido por fuego, que esto es incompatible con las leyes naturales. Pero el Dios de la naturaleza, el que creó las leyes y las controla, puede usar las obras de sus manos para que sirvan a sus fines.

Cuando los grandes sabios habían probado a su entera satisfacción que era imposible que el mundo fuese destruido por agua, cuando los temores del pueblo se habían tranquilizado, cuando todos consideraban que la profecía de Noé era un engaño, y le llamaban fanático, entonces llegó la hora de Dios. "Fueron rotas todas las fuentes del grande abismo, y las cataratas de los cielos fueron abiertas" (Gén. 7:11), y los burladores sucumbieron en las aguas del diluvio. Con toda su jactanciosa filosofía, los hombres descubrieron muy tarde que su sabiduría era necedad, que el Legislador es superior a las leyes de la naturaleza, y que a la Omnipotencia no le faltan medios para alcanzar sus fines.

"Y como fue en los días de Noé, … como esto será el día en que el Hijo del hombre se manifestará." "El día del Señor vendrá como ladrón en la noche; en el cual los cielos pasarán con grande estruendo, y los elementos ardiendo serán desechos, y la tierra y las obras que en ella están serán quemadas." (Luc. 17:26, 30; 2 Pedro 3:10). Cuando los razonamientos de la filosofía hayan desterrado el temor a los juicios de Dios; cuando los maestros de la religión nos hablen de los largos siglos de paz y prosperidad, y el mundo se dedique por completo a sus negocios y placeres, a plantar y edificar, fiestas y diversiones, y desechando las amonestaciones de Dios, se burle de sus mensajeros, "entonces vendrá sobre ellos destrucción de repente, … y no escaparán." (1 Tes. 5:3)

> *En los días de Noé, los filósofos declararon que era imposible que el mundo fuese destruido por el agua.*

Capítulo 3

Basado en Génesis 7:20-9:17.

La Señal en el Arco Iris

Después del Diluvio

Las aguas subieron quince codos sobre las más altas montañas. A menudo le pareció a la familia que ocupaba el arca que todos perecerían, pues durante cinco largos meses su buque flotó de un lado para otro, aparentemente a merced del viento y las olas. Fue una prueba grave; pero la fe de Noé no vaciló, pues tenía la seguridad de que la mano divina empuñaba el timón.

Cuando las aguas comenzaron a bajar, el Señor guió el arca hacia un lugar protegido por un grupo de montañas conservadas por su poder. Estas montañas estaban muy poco separadas entre sí, y el arca se mecía en este quieto refugio, sin que el inmenso océano la agitara ya. Esto alivió a los cansados y sacudidos viajeros.

Noé y su familia esperaban ansiosamente que bajasen las aguas; pues anhelaban volver a pisar tierra firme. Cuarenta días después que se hicieron visibles las cimas de las montañas, enviaron un cuervo, ave de olfato delicado, para ver si la tierra ya estaba seca. No encontrando más que agua, el ave continuo yendo y viniendo. Siete días después, se envió una paloma, la cual al no encontrar dónde posarse, regresó al arca. Noé esperó siete días más, y nuevamente envió la paloma. Cuando ésta regresó por la tarde con una hoja de olivo en el pico, hubo gran alborozo en el arca. Más tarde "quitó Noé la cubierta del arca, y miró, y he aquí que la faz de la tierra estaba enjuta." (Gén. 8:13.) Todavía esperó pacientemente dentro del arca. Como había entrado obedeciendo un mandato de Dios, esperó hasta recibir instrucciones especiales para salir.

Finalmente descendió un ángel del cielo, abrió la maciza puerta y mandó al patriarca y a su familia que saliesen a tierra, y llevasen consigo todo ser viviente. En su regocijo por verse libre, Noé no se olvidó de Aquel en virtud de cuyo misericordioso cuidado habían sido protegidos. Su primer acto después de salir del arca fue construir un altar y ofrecer un sacrificio de toda clase de bestias y aves limpias, con lo que manifestó su gratitud hacia Dios por su liberación, y su fe en Cristo, el gran sacrificio. Esta ofrenda agradó al Señor y de esto se derivó una bendición, no sólo para el patriarca y su familia, sino también para todos los que habrían de vivir en la tierra. "Y percibió Jehová olor de suavidad; y dijo Jehová en su corazón: No tornaré más a maldecir la tierra por causa del hombre. . . .

> *Como había entrado obedeciendo un mandato de Dios, esperó hasta recibir instrucciones especiales para salir.*

Todavía serán todos los tiempos de la tierra; la sementera y la siega, y el frío y calor, verano e invierno, y día y noche, no cesarán." (Vers. 21, 22.)

En esto había una lección para las futuras generaciones. Noé había tornado a una tierra desolada; pero antes de preparar una casa para sí, construyó un altar para Dios. Su ganado era poco, y había sido conservado con gran esfuerzo. No obstante, con alegría dio una parte al Señor, en reconocimiento de que todo era de él. Asimismo nuestro primer deber consiste en dar a Dios nuestras ofrendas voluntarias. Toda manifestación de su misericordia y su amor hacia nosotros debe ser reconocida con gratitud, mediante actos de devoción y ofrendas para su obra.

La Promesa del Arco Iris

Para evitar que las nubes y las lluvias llenasen a los hombres de constante terror, por temor a otro diluvio, el Señor ánimo a la familia de Noé mediante una promesa: "Estableceré mi pacto con vosotros, … ni habrá más diluvio para destruir la tierra. … Mi arco pondré en las nubes, el cual será por señal de convenio entre mí y la tierra. Y será que cuando haré venir nubes sobre la tierra, se dejará ver entonces mi arco en las nubes, … y verlo he para acordarme del pacto perpetuo entre Dios y toda alma viviente." (Gén. 9:11-16.)

¡Cuán grandes fueron la condescendencia y compasión que Dios manifestó hacia sus criaturas descarriadas al colocar el bello arco iris en las nubes como señal de su pacto con el hombre! El Señor declaró que al ver el arco iris recordaría su pacto. Esto no significa que pudiera olvidarlo, sino que nos habla en nuestro propio lenguaje, para que podamos comprenderle mejor. Quería el Señor que cuando los niños de las generaciones futuras preguntasen por el significado del glorioso arco que se extiende por el cielo, sus padres les repitiesen la historia del diluvio, y les explicasen que el Altísimo había combado el arco, y lo había colocado en las nubes para asegurarles que las aguas no volverían jamás a inundar la tierra. Así sería el arco iris, de generación en generación, un testimonio del amor divino hacia el hombre, y fortalecería su confianza en Dios.

el Altísimo había combado el arco, y lo había colocado en las nubes para asegurarles que las aguas no volverían jamás a inundar la tierra.

En el cielo una semejanza del arco iris rodea el trono y nimba la cabeza de Cristo. El profeta dice: "Cual parece el arco del cielo que está en las nubes el día que llueve, así era el parecer del resplandor alrededor [del trono]. Esta fue la visión de la semejanza de la gloria de Jehová." (Eze. 1:28.) Juan el revelador declara: "Y he aquí, un trono que estaba puesto en el cielo, y sobre el trono estaba uno sentado. ... Y un arco celeste había alrededor del trono, semejante en el aspecto a la esmeralda." (Apoc. 4:2, 3.) Cuando por su impiedad el hombre provoca los juicios divinos, el Salvador intercede ante el Padre en su favor y señala el arco en las nubes, el arco iris que está en torno al trono y sobre su propia cabeza, como recuerdo de la misericordia de Dios hacia el pecador arrepentido.

A la seguridad dada a Noé respecto al diluvio, Dios mismo ligó una de las más preciosas promesas de su gracia: "Juré que nunca más las aguas de Noé pasarían sobre la tierra; así he jurado que no me enojaré contra ti, ni te reñiré. Porque los montes se moverán, y los collados temblarán; mas no se apartará de ti mi misericordia, ni el pacto de mi paz vacilará, dijo Jehová, el que tiene misericordia de ti." (Isa. 54:9, 10.)

Cuando Noé vio las poderosas fieras que salían con él del arca, temió que su familia, compuesta de ocho personas solamente, fuese devorada por ellas. Pero el Señor envió un ángel a su siervo con este mensaje de seguridad: "Y vuestro temor y vuestro pavor será sobre todo animal de la tierra, y sobre toda ave de los cielos, en todo lo que se moverá en la tierra, y en todos los peces del mar: en vuestra mano son entregados. Todo lo que se mueve y vive, os será para mantenimiento: así como las legumbres y hierbas, os lo he dado todo." (Gén. 9:2, 3.) Antes de ese tiempo, Dios no había permitido al hombre que comiera carne; quería que la raza humana subsistiera enteramente con los productos de la tierra; pero ahora que toda cosa verde había sido destruida, les dio permiso para que consumieran la carne de los animales limpios que habían sido preservados en el arca.

Cambios en la Superficie de la Tierra

Toda la superficie de la tierra fue cambiada por el diluvio. Una tercera y terrible maldición pesaba sobre ella como consecuencia del pecado. A medida que las aguas comenzaron a bajar, las lomas y las montañas quedaron rodeadas por un vasto y turbio mar. Por doquiera yacían cadáveres de hombres y animales. El Señor no iba a permitir que permaneciesen allí para infectar el aire por su descomposición, y por lo tanto, hizo de la tierra un vasto cementerio, Un viento violento enviado para secar las aguas, las agitó con gran fuerza, de modo que en algunos casos derribaron las cumbres de las montañas y amontonaron árboles, rocas y tierra sobre los cadáveres. De la misma manera la plata y el oro, las maderas escogidas y las piedras preciosas, que habían enriquecido y adornado el mundo antediluviano y que la gente idolatrara, fueron ocultados de los ojos de los hombres. La violenta acción de las aguas amontonó tierra y rocas sobre estos tesoros, y en algunos casos se formaron montañas sobre ellos. Dios vio que cuanto más enriquecía y hacía prosperar a los impíos, tanto más corrompían sus caminos delante de él. Mientras deshonraban y menospreciaban a Dios, habían adorado los tesoros que debieran haberlos inducido a glorificar al bondadoso Dador.

La tierra presentaba un indescriptible aspecto de confusión y desolación. Las montañas, una vez tan bellas en su perfecta simetría, eran ahora quebradas e irregulares. Piedras, riscos y escabrosas rocas estaban ahora diseminados por la superficie de la tierra. En muchos sitios, las colinas y las montañas habían desaparecido, sin dejar huella del sitio en donde habían estado; y las llanuras dieron lugar a cordilleras. Estos cambios eran más pronunciados en algunos lugares que en otros. Donde habían estado los tesoros más valiosos de oro, plata y piedras preciosas, se veían las señales mayores de la maldición, mientras que ésta pesó menos en las regiones deshabitadas y donde había habido menos crímenes.

En ese tiempo inmensos bosques fueron sepultados. Desde entonces se han transformado en el carbón de piedra de las extensas capas de hulla que existen hoy día, y han producido también enormes cantidades de petróleo. Con frecuencia la hulla y el petróleo se encienden y arden bajo la superficie de la tierra. Esto calienta las rocas, quema la piedra caliza, y derrite el hierro. La acción del agua sobre la cal intensifica el calor, y ocasiona terremotos, volcanes y brotes ígneos. Cuando el fuego y el agua entran en contacto con las capas de roca y mineral, se producen terribles explosiones subterráneas, semejantes a truenos sordos. El aire se calienta y se vuelve sofocante. A esto siguen erupciones volcánicas, pero a menudo ellas no dan suficiente escape a los elementos encendidos, que conmueven la tierra. El suelo se levanta entonces y se hincha como las olas de la mar, aparecen grandes grietas, y algunas veces ciudades, aldeas, y montañas encendidas son tragadas por la tierra. Estas maravillosas manifestaciones serán más frecuentes y terribles poco antes de la segunda venida de Cristo y del fin del mundo, como señales de su rápida destrucción.

El Juicio Venidero

Las profundidades de la tierra son el arsenal del Señor, de donde se sacaron las armas empleadas en la destrucción del mundo antiguo. Las aguas brotaron de la tierra y se unieron a las aguas del cielo para llevar a cabo la obra de desolación. Desde el diluvio, el fuego y el agua han sido instrumentos de Dios para destruir ciudades impías. Estos juicios son enviados para que los que tienen en poco la ley de Dios y pisotean su autoridad, tiemblen ante su poderío, y reconozcan su justa soberanía. Cuando los hombres han visto montañas encendidas arrojando fuego, llamas y torrentes de minerales derretidos, que secaban ríos, cubrían populosas ciudades y regaban por doquiera ruina y desolación, los corazones más valientes se han llenado de terror, y los infieles y blasfemos se han visto obligados a reconocer el infinito poder de Dios.

Desde el diluvio, el fuego y el agua han sido instrumentos de Dios para destruir ciudades impías.

Los antiguos profetas, al referirse a escenas de esta índole, dijeron: "¡Oh si rompieses los cielos, y descendieras, y a tu presencia se escurriesen los montes, como fuego abrasador de fundiciones, fuego que hace hervir las aguas, para que hicieras notorio tu nombre a tus enemigos, y las gentes temblasen a tu presencia! Cuando, haciendo terriblezas cuales nunca esperábamos, descendiste, fluyeron los montes delante de ti." "Jehová marcha entre la tempestad y turbión , y las nubes son el polvo de sus pies. Él amenaza a la mar, y la hace secar, y agosta todos los ríos." (Isa. 64:1–3; Nah. 1:3, 4.)

Las más terribles manifestaciones que el mundo jamás haya visto hasta ahora, serán presenciadas cuando Cristo vuelva por segunda vez. "Los montes tiemblan de él, y los collados se deslíen; y la tierra se abrasa a su presencia, y el mundo, y todos los que en él habitan. ¿Quién permanecerá delante de su ira? ¿y quién quedará en pie en el furor de su enojo?" "Oh Jehová, inclina tus cielos y desciende: toca los montes, y humeen. Despide relámpagos, y disípalos; envía tus saetas, y contúrbalos." (Nah. 1:5, 6; Sal. 144:5, 6.)

"Y daré prodigios arriba en el cielo, y señales abajo en la tierra, sangre y fuego y vapor de humo." "Entonces fueron hechos relámpagos y voces y truenos; y hubo un gran temblor de tierra, un terremoto tan grande, cual no fue jamás desde que los hombres han estado sobre la tierra." "Y toda isla huyó, y los montes no fueron hallados. Y cayó del cielo sobre los hombres un grande granizo como del peso de un talento." (Hech. 2:19; Apoc. 16:18, 20, 21.)

Cuando se unan los rayos del cielo con el fuego de la tierra, las montañas arderán como un horno, y arrojarán espantosos torrentes de lava, que cubrirán jardines y campos, aldeas y ciudades. Masas incandescentes fundidas arrojadas en los ríos harán hervir las aguas, arrojarán con indescriptible violencia macizas rocas cuyos fragmentos se esparcirán por la tierra. Los ríos se secarán. La tierra se conmoverá; por doquiera habrá espantosos terremotos y erupciones.

> *Las más terribles manifestaciones que el mundo jamás haya visto hasta ahora, serán presenciadas cuando Cristo vuelva por segunda vez.*

Así destruirá Dios a los impíos de la tierra. Pero los justos serán protegidos en medio de estas conmociones, como lo fue Noé en el arca. Dios será su refugio y tendrán confianza bajo sus alas protectoras. El salmista dice: "Porque tú has puesto a Jehová, que es mi esperanza, al Altísimo por tu habitación, no te sobrevendrá mal." "Porque él me esconderá en su tabernáculo en el día del mal; ocultaráme en lo reservado de su pabellón." La promesa de Dios es: "Por cuanto en mí ha puesto su voluntad, yo también lo libraré: pondrélo en alto, por cuanto ha conocido mi nombre." (Sal. 91: 9, 10, 14; 27:5.)

Capítulo 4

Basado en Génesis 1 y 2; Éxodo 20:8-11.

Escepticismo sobre la Creación y el Diluvio
La Semana Literal

Así como el sábado, la semana se originó al tiempo de la creación, y fue conservada y transmitida a nosotros a través de la historia bíblica. Dios mismo dio la primera semana como modelo de las subsiguientes hasta el fin de los tiempos. Como las demás, consistió en siete días literales. Se emplearon seis días en la obra de la creación; y en el séptimo, Dios reposó y luego bendijo ese día y lo puso aparte como día de descanso para el hombre.

En la ley dada en el Sinaí, Dios reconoció la semana y los hechos sobre los cuales se funda. Después de dar el mandamiento: "Acuérdate de Santificar el día de sábado" (Exo. 20:8, V. Torres Amat), y después de estipular lo que debe hacerse durante los seis días, y lo que no debe hacerse el día séptimo, manifiesta la razón por la cual ha de observarse así la semana, recordándonos su propio ejemplo: "Por cuanto el Señor en seis días hizo el cielo, y la tierra, y el mar, y todas las cosas que hay en ellos, y descansó en el día séptimo: por esto bendijo el Señor el día sábado, y le santificó." (Vers. 11.)

El Sábado Semanal o Creación de Miles de Años

Esta razón resulta plausible cuando entendemos que los días de la creación son literales. Los primeros seis días de la semana fueron dados al hombre para su trabajo, porque Dios empleó el mismo período de la primera semana en la obra de la creación. En el día séptimo el hombre ha de abstenerse de trabajar, en memoria del reposo del Creador.

En el día séptimo el hombre ha de abstenerse de trabajar, en memoria del reposo del Creador.

Pero la suposición de que los acontecimientos de la primera semana requirieron miles y miles de años, ataca directamente los fundamentos del cuarto mandamiento. Representa al Creador como se estuviese ordenando a los hombres que observaran la semana de días literales en memoria de largos e indefinidos períodos. Esto es distinto del método que él usa en su relación con sus criaturas. Hace obscuro e indefinido lo que él ha hecho muy claro. Es incredulidad en la forma más insidiosa y, por lo tanto, más peligrosa; su verdadero carácter está disfrazado de tal manera que la sostienen y enseñan muchos que dicen creer en la Sagrada Escritura.

"Por la palabra de Jehová fueron hechos los cielos, y todo el ejército de ellos por el espíritu de su boca. … Porque él dijo, y fue hecho; él mandó, y existió." (Sal. 33:6, 9.) La Sagrada Escritura no reconoce largos períodos en los cuales la tierra fue saliendo lentamente del caos. Acerca de cada día de la creación, las Santas Escrituras declaran que consistía en una tarde y una mañana, como todos los demás días que siguieron desde entonces. Al fin de cada día se da el resultado de la obra del Creador. Y al terminar la narración de la primera semana se dice: "Estos son los orígenes de los cielos y de la tierra cuando fueron criados". (Gén. 2:4.) Pero esto no implica que los días de la creación fueron algo más que días literales. Cada día se llama un origen, porque Dios originó o produjo en él una parte nueva de su obra.

El Diluvio y la Geología

Los geólogos alegan que en la misma tierra se encuentra la evidencia de que ésta es mucho más vieja de lo que enseña el relato mosaico. Han descubierto huesos de seres humanos y de animales, así como también instrumentos bélicos, árboles petrificados, etc., mucho mayores que los que existen hoy día, o que hayan existido durante miles de años, y de esto infieren que la tierra estaba poblada mucho tiempo antes de la semana de la creación de la cual nos habla la Escritura, y por una raza de seres de tamaño muy superior al de cualquier hombre de la actualidad. Semejante razonamiento ha llevado a muchos que aseveran creer en la Sagrada Escritura a aceptar la idea de que los días de la creación fueron períodos largos e indefinidos.

Pero sin la historia bíblica, la geología no puede probar nada. Los que razonan con tanta seguridad acerca de sus descubrimientos, no tienen una noción adecuada del tamaño de los hombres, los animales y los árboles antediluvianos, ni de los grandes cambios que ocurrieron en aquel entonces. Los vestigios que se encuentran en la tierra dan evidencia de condiciones que en muchos respectos eran muy diferentes de las actuales; pero el tiempo en que estas condiciones imperaron sólo puede saberse mediante la Sagrada Escritura. En la historia del diluvio, la inspiración divina ha explicado lo que la geología sola jamás podría desentrañar. En los días de Noé, hombres, animales y árboles de un tamaño muchas veces mayor que el de los que existen actualmente, fueron sepultados y de esa manera preservados para probar a las generaciones subsiguientes que los antediluvianos perecieron por un diluvio, Dios quiso que el descubrimiento de estas cosas estableciese la fe de los hombres en la historia sagrada; pero éstos, con su vano raciocinio, caen en el mismo error en que cayeron los antediluvianos: al usar mal las cosas que Dios les dio para su beneficio, las tornan en maldición.

> *En la historia del diluvio, la inspiración divina ha explicado lo que la geología sola jamás podría desentrañar.*

Uno de los ardides de Satanás consiste en lograr que los hombres acepten las fábulas de los incrédulos; pues así puede obscurecer la ley de Dios, muy clara en sí misma, y envalentonar a los hombres para que se rebelen contra el gobierno divino. Sus esfuerzos van dirigidos especialmente contra el cuarto mandamiento, porque éste señala tan claramente al Dios vivo, Creador del cielo y de la tierra.

La Ciencia y la Palabra de Dios

Algunos realizan un esfuerzo constante para explicar la obra de la creación como resultado de causas naturales; y, en abierta oposición a las verdades consignadas en la Sagrada Escritura, el razonamiento humano es aceptado aun por personas que se dicen cristianas. Hay quienes se oponen al estudio e investigación de las profecías, especialmente las de Daniel y del Apocalipsis, diciendo que éstas son tan obscuras que no las podemos comprender; no obstante, estas mismas personas reciben ansiosamente las suposiciones de los geólogos, que están en contradicción con el relato de Moisés.

La ciencia humana no puede escudriñar los secretos del Altísimo.

Pero si lo que Dios ha revelado es tan difícil de comprender, ¡cuán ilógico es aceptar meras suposiciones en lo que se refiere a cosas que él no ha revelado!

"Las cosas secretas pertenecen a Jehová nuestro Dios: mas las reveladas son para nosotros y para nuestros hijos por siempre." (Deut. 29:29.) Nunca reveló Dios al hombre la manera precisa en que llevó a cabo la obra de la creación; la ciencia humana no puede escudriñar los secretos del Altísimo. Su poder creador es tan incomprensible como su propia existencia.

Dios ha permitido que raudales de luz se derramasen sobre el mundo, tanto en las ciencias como en las artes; pero cuando los llamados hombres de ciencia tratan estos asuntos desde el punto de vista meramente humano, llegan a conclusiones erróneas. Puede ser inocente el especular más allá de lo que Dios ha revelado, si nuestras teorías no contradicen los hechos de la Sagrada Escritura; pero los que dejan a un lado la Palabra de Dios y pugnan por explicar de acuerdo con principios científicos las obras creadas, flotan sin carta de navegación, o sin brújula, en un océano ignoto.

Aun los cerebros más notables, si en sus investigaciones no son dirigidos por la Palabra de Dios, se confunden en sus esfuerzos por delinear las relaciones de la ciencia y la revelación. Debido a que el Creador y sus obras les resultan tan incomprensibles que se ven incapacitados para explicarlos mediante las leyes naturales, consideran la historia bíblica como algo indigno de confianza. Los que dudan de la certeza de los relatos del Antiguo Testamento y del Nuevo serán inducidos a dar un paso más y a dudar de la existencia de Dios, y luego, habiendo perdido sus anclas, se verán entregados a su propia suerte para encallar finalmente en las rocas de la incredulidad.

Estas personas han perdido la sencillez de la fe. Debería existir una fe arraigada en la divina autoridad de la Santa Palabra de Dios. La Sagrada Escritura no se ha de juzgar de acuerdo con las ideas científicas de los hombres. La sabiduría humana es una guía en la cual no se puede confiar. Los escépticos que leen la Sagrada Escritura para poder sutilizar acerca de ella, pueden, mediante una comprensión imperfecta de la ciencia o de la revelación, sostener que encuentran contradicciones entre una y otra; pero cuando se entienden correctamente, se las nota en perfecta armonía. Moisés escribió bajo la dirección del Espíritu de Dios; y una teoría geológica correcta no presentará descubrimientos que no puedan conciliarse con los asertos así inspirados. Toda verdad, ya sea en la naturaleza o en la revelación, es consecuente consigo misma en todas sus manifestaciones.

Los que dudan de la certeza de los relatos del Antiguo Testamento y del Nuevo serán inducidos a dar un paso más y a dudar de la existencia de Dios.

En la Palabra de Dios hay muchas interrogaciones que los más profundos eruditos no pueden contestar. Se nos llama la atención a estos asuntos para mostrarnos que, aun en las cosas comunes de la vida diaria, es mucho lo que las mentes finitas, con toda su jactanciosa sabiduría, no podrán jamás comprender en toda su plenitud.

Sin embargo, los hombres de ciencia creen que ellos pueden comprender la sabiduría de Dios, lo que él ha hecho y lo que puede hacer. Se ha generalizado mucho la idea de que Dios está restringido por sus propias leyes. Los hombres niegan o pasan por alto su existencia, o piensan que pueden explicarlo todo, aun la acción de su Espíritu sobre el corazón humano; y ya no reverencian su nombre ni temen su poder. No comprendiendo las leyes de Dios ni el poder infinito de él para hacer efectiva su voluntad mediante ellas, no creen en lo sobrenatural. Comúnmente, la expresión "leyes de la naturaleza" abarca lo que el hombre ha podido descubrir acerca de las leyes que gobiernan el mundo físico; pero ¡cuán limitada es la sabiduría del hombre, y cuán vasto el campo en el cual el Creador puede obrar, en armonía con sus propias leyes, y sin embargo, enteramente más allá de la comprensión de los seres finitos!

Dios y las Leyes de la Naturaleza

Muchos enseñan que la materia posee poderes vitales, que se le impartieron ciertas propiedades y que se la dejó luego actuar mediante su propia energía inherente; y que las operaciones de la naturaleza se llevan a cabo en conformidad con leyes fijas, en las cuales Dios mismo no puede intervenir. Esta es una ciencia falsa, y no está respaldada por la Palabra de Dios. La naturaleza es la sierva de su Creador. Dios no anula sus leyes, ni tampoco obra contrariándolas: las usa continuamente como sus instrumentos. La naturaleza atestigua que hay una inteligencia, una presencia y una energía activa, que obran dentro de sus leyes y mediante ellas. Existe en la naturaleza la acción del Padre y del Hijo. Cristo dice: "Mi Padre hasta ahora obra, y yo obro." (Juan 5:17.)

La naturaleza es la sierva de su Creador.

Los levitas, en su himno registrado por Nehemías, cantaban: "Tú, oh Jehová, eres solo; tú hiciste los cielos, y los cielos de los cielos, y toda su milicia, la tierra y todo lo que está en ella, ... tú vivificas todas estas cosas." (Neh. 9:6.)

En cuanto se refiere a este mundo, la obra de la creación de Dios está terminada, pues fueron "acabadas las obras desde el principio del mundo." (Heb. 4:3.) Pero su energía sigue ejerciendo su influencia para sustentar los objetos de su creación. Una palpitación no sigue a la otra, y un hálito al otro, porque el mecanismo que una vez se puso en marcha continúe accionando por su propia energía inherente; sino que todo hálito, toda palpitación del corazón es una evidencia del completo cuidado que tiene de todo lo creado Aquel en quien "vivimos, y nos movemos, y somos." (Hech. 17:28.) No es en virtud de alguna fuerza inherente que año tras año la tierra produce sus abundantes cosechas y que continúa su movimiento alrededor del sol. La mano de Dios dirige los planetas, y los mantiene en su puesto en su ordenada marcha a través de los cielos. "Él saca por cuenta su ejército: a todas llama por sus nombres; ninguna faltará: tal es la grandeza de su fuerza, y su poder y virtud." (Isa. 40:26.)

En virtud de su poder la vegetación florece, aparecen las hojas y las flores se abren. Es él quien "hace a los montes producir hierba," por su poder los valles se fertilizan. Todas las bestias de los bosques piden a Dios su alimento, y toda criatura viviente, desde el diminuto insecto hasta el hombre, dependen diariamente de su divina providencia. Según las hermosas palabras del salmista: "Todos ellos esperan en ti, para que les des su comida a su tiempo. Les das, recogen; abres tu mano, hártanse de bien." Su Palabra controla los elementos, él cubre los cielos de nubes y prepara la lluvia para la tierra. "Él da la nieve como lana, derrama la escarcha como ceniza." "A su voz se da muchedumbre de aguas en el cielo, y hace subir las nubes de lo postrero de la tierra; hace los relámpagos con la lluvia, y saca el viento de sus depósitos." (Sal. 147:8, 16; 104:27, 28; Jer. 10:13.)

> *Toda verdadera ciencia está en armonía con sus obras; toda verdadera educación nos induce a obedecer a su gobierno.*

Dios es el fundamento de todas las cosas. Toda verdadera ciencia está en armonía con sus obras; toda verdadera educación nos induce a obedecer a su gobierno. La ciencia abre nuevas maravillas ante nuestra vista, se remonta alto, y explora nuevas profundidades; pero de su búsqueda no trae nada que esté en conflicto con la divina revelación. La ignorancia puede tratar de respaldar puntos de vista falsos con respecto a Dios veliéndose para ello de la ciencia; pero el libro de la naturaleza y la Palabra escrita se iluminan mutuamente. De esa manera somos inducidos a adorar al Creador, y confiar con inteligencia en su Palabra.

Ninguna mente finita puede comprender plenamente la existencia, el poder, la sabiduría, o las obras del Infinito. El escritor sagrado dice: "¿Alcanzarás tú el rastro de Dios? ¿Llegarás tú a la perfección del Todopoderoso? Es más alto que los cielos: ¿qué harás? es más profundo que el infierno: ¿cómo lo conocerás? Su dimensión es más larga que la tierra, y más ancha que la mar." (Job 11:7-9.) Los intelectos más poderosos de la tierra no pueden comprender a Dios. Los hombres podrán investigar y aprender siempre; pero habrá siempre un infinito inalcanzable para ellos.

Sin embargo, las obras de la creación dan testimonio de la grandeza y del poder de Dios. "Los cielos cuentan la gloria de Dios, y la expansión denuncia la obra de sus manos." (Sal. 19:1.) Los que reciben la Palabra escrita como su consejera encontrarán en la ciencia un auxiliar para comprender a Dios. "Porque las cosas invisibles de él, su eterna potencia y divinidad, se echan de ver desde la creación del mundo, siendo entendidas por las cosas que son hechas." (Rom. 1:20.)

Capítulo 5

Basado en Génesis 9:25–27; 11:1–9.

Los Descendientes de Noé y la Torre de Babel

La Torre de Babel

Para repoblar la tierra, de la cual el diluvio había barrido toda corrupción moral, Dios había preservado una sola familia, la casa de Noé, a quien había manifestado: "A ti he visto justo delante de mí en esta generación." (Gén. 7:1.) Sin embargo, entre los tres hijos de Noé pronto se desarrolló la misma gran distinción que se había visto en el mundo antediluviano. En Sem, Cam y Jafet, quienes habían de ser los fundadores del linaje humano, se pudo prever el carácter de sus descendientes.

Los Descendientes de Noé

Hablando por inspiración divina. Noé predijo la historia de las tres grandes razas que habrían de proceder de estos padres de la humanidad. Al hablar de los descendientes de Cam, refiriéndose al hijo más que al padre, manifestó Noé: "Maldito sea Canaán, siervo de siervos será a sus hermanos." (Gén. 9:25.) El monstruoso crimen de Cam demostró que hacía mucho que la reverencia filial había desaparecido de su alma, y reveló la impiedad y la vileza de su carácter. Estas perversas características se perpetuaron en Canaán y su posteridad, cuya continua culpabilidad atrajo sobre ellos el juicio de Dios.

En cambio, la reverencia manifestada por Sem y Jafet hacia su padre y hacia los divinos estatutos, prometía un futuro más brillante a sus descendientes. Acerca de estos hijos fue declarado: "Bendito Jehová el Dios de Sem, y séale Canaán siervo. Engrandezca Dios a Japhet, y habite en las tiendas de Sem, y séale Canaán siervo." (Vers. 26, 27.) El linaje de Sem iba a ser el del pueblo escogido, del pacto de

Dios, del Redentor prometido. Jehová fue el Dios de Sem. De él iban a descender Abrahán y el pueblo de Israel, por medio del cual habría de venir Cristo. "Bienaventurado el pueblo cuyo Dios es Jehová." (Sal. 144:15). Y Jafet "habite en las tiendas de Sem." Los descendientes de Jafet habían de disfrutar muy especialmente de las bendiciones del Evangelio.

La posteridad de Canaán bajó hasta las formas más degradantes del paganismo. A pesar de que la maldición profética los había condenado a la esclavitud, la condena fue aplazada durante siglos. Dios sobrellevó su impiedad y corrupción hasta que traspasaron los límites de la paciencia divina. Entonces fueron desposeídos, y llegaron a ser esclavos de los descendientes de Sem y de Jafet.

La profecía de Noé no fue una denuncia arbitraria y airada ni una declaración de favoritismo. No fijó el carácter y el destino de sus hijos. Pero reveló cuál sería el resultado de la conducta que habían escogido individualmente, y el carácter que habían desarrollado. Fue una expresión del propósito de Dios hacia ellos y hacia su posteridad, en vista de su propio carácter y conducta. Generalmente, los niños heredan la disposición y las tendencias de sus padres, e imitan su ejemplo; de manera que los pecados de los padres son cometidos por los hijos de generación en generación. Así la vileza y la irreverencia de Cam se reprodujeron en su posteridad y le acarrearon maldición durante muchas generaciones. "Un pecador destruye mucho bien." (Ecl. 9:18.)

Por otro lado, ¡cuán ricamente fue premiado el respeto de Sem hacia su padre; y qué ilustre serie de hombres santos se ve en su posteridad! "Conoce Jehová los días de los perfectos," "y su simiente es para bendición." "Conoce, pues, que Jehová tu Dios es Dios, Dios fiel, que guarda el pacto y la misericordia a los que le aman y guardan sus mandamientos, hasta las mil generaciones." (Sal 37:18, 26, Deut 7:9.)

La Incredulidad y la Torre de Babel

Durante algún tiempo, los descendientes de Noé continuaron habitando en las montañas donde el arca se había detenido. A medida que se multiplicaron, la apostasía no tardó en causar división entre ellos. Los que deseaban olvidar a su Creador y desechar las restricciones de su ley, tenían por constante molestia las enseñanzas y el ejemplo de sus piadosos compañeros; y después de un tiempo decidieron separarse de los que adoraban a Dios. Para lograr su fin, emigraron a la llanura de Sinar, que estaba a orillas del río Éufrates. Les atraían la hermosa ubicación y la fertilidad del terreno, y en esa llanura resolvieron establecerse.

Decidieron construir allí una ciudad, y en ella una torre de tan estupenda altura que fuera la maravilla del mundo. Estas empresas fueron ideadas para impedir que la gente se esparciera en colonias. Dios había mandado a los hombres que se diseminaran por toda la tierra, que la poblaran y que se enseñoreasen de ella; pero estos constructores de la torre de Babel decidieron mantener su comunidad unida en un solo cuerpo, y fundar una monarquía que a su tiempo abarcara toda la tierra. Así su ciudad se convertiría en la metrópoli de un imperio universal; su gloria demandaría la admiración y el homenaje del mundo, y haría célebres a sus fundadores. La magnífica torre, que debía alcanzar hasta los cielos, estaba destinada a ser algo así como un monumento del poder y sabiduría de sus constructores, para perpetuar su fama hasta las últimas generaciones.

Los moradores de la llanura de Sinar no creyeron en el pacto de Dios que prometía no traer otro diluvio sobre la tierra. Muchos de ellos negaban la existencia de Dios, y atribuían el diluvio a la acción de causas naturales. Otros creían en un Ser supremo, que había destruido el mundo antediluviano; y sus corazones, como el de Caín, se rebelaban contra él. Uno de sus fines, al construir la torre, fue el de alcanzar seguridad si ocurría otro diluvio. Creyeron que, construyendo la torre hasta una altura mucho más elevada que la que habían alcanzado las aguas del diluvio, se hallarían fuera de toda posibilidad de peligro. Y al poder ascender a la región de las nubes, esperaban descubrir la causa del diluvio. Toda la empresa tenía por objeto exaltar aun más el orgullo de quienes la proyectaron, apartar de Dios las mentes de las generaciones futuras, y llevarlas a la idolatría.

> *Los moradores de la llanura de Sinar no creyeron en el pacto de Dios que prometía no traer otro diluvio sobre la tierra.*

La Confusión de Lenguajes

Adelantada la construcción de la torre, parte de ella fue habitada por los edificadores. Otras secciones, magníficamente amuebladas y adornadas, las destinaron a sus ídolos. El pueblo se regocijaba en su éxito, loaba a dioses de oro y plata, y se obstinaba contra el Soberano del cielo y la tierra.

De repente, la obra que había estado avanzando tan prósperamente fue interrumpida. Fueron enviados ángeles para anular los propósitos de los edificadores. La torre había alcanzado una gran altura, y por ese motivo les era imposible a los trabajadores que estaban arriba comunicarse directamente con los de abajo; por lo tanto, fueron colocados hombres en diferentes puntos para recibir y transmitir al siguiente las órdenes acerca del material que se necesitaba, u otras instrucciones tocante a la obra. Al pasar los mensajes de uno a otro, el lenguaje se les confundía de modo que pedían un material que no se necesitaba, y las instrucciones dadas eran a menudo contrarias a las recibidas. Esto produjo confusión y consternación. Toda la obra se detuvo. No había armonía ni cooperación. Los edificadores no podían explicarse aquellas extrañas equivocaciones entre ellos, y en su ira y desengaño se dirigían reproches unos a otros. Su unión terminó en lucha y en derramamiento de sangre. Como prueba del desagrado de Dios, cayeron rayos del cielo que destruyeron la parte superior de la torre y la derribaron. Se hizo sentir a los hombres que hay un Dios que reina en los cielos.

> *Hasta esa época, todos los hombres habían hablado el mismo idioma.*

Hasta esa época, todos los hombres habían hablado el mismo idioma; ahora los que podían entenderse se reunieron en grupos y unos tomaron un camino, y otros otro. "Así los esparció Jehová desde allí sobre la faz de toda la tierra." (Gén. 11:8.) Esta dispersión obligó a los hombres a poblar la tierra, y el propósito de Dios se alcanzó por el medio empleado por ellos para evitarlo.

Pero ¡a costa de cuánta pérdida para los que se habían levantado contra Dios! Era el propósito del Creador que a medida que los hombres fuesen a fundar naciones en distintas partes de la tierra, llevasen consigo el conocimiento de su voluntad, y que la luz de la verdad alumbrara a las generaciones futuras. Noé, el fiel predicador de la justicia, vivió trescientos cincuenta años después del diluvio, Sem vivió quinientos años, y sus descendientes tuvieron así oportunidad de conocer los requerimientos de Dios y la historia de su trato con sus padres. Pero no quisieron escuchar estas verdades desagradables; no querían retener a Dios en su conocimiento, y en gran medida la confusión de lenguas les impidió comunicarse con quienes podrían haberles ilustrado.

Los constructores de la torre de Babel habían manifestado un espíritu de murmuración contra Dios. En vez de recordar con gratitud su misericordia hacia Adán, y su bondadoso pacto con Noé, se habían quejado de su severidad al expulsar a la primera pareja del Edén y al destruir al mundo mediante un diluvio. Pero mientras murmuraban contra Dios calificándolo de arbitrario y severo, estaban aceptando la soberanía del más cruel de los tiranos. Satanás trató de acarrear menosprecio sobre las ofrendas expiatorias que prefiguraban la muerte de Cristo; y a medida que la mente de los hombres iba entenebreciéndose con la idolatría, los indujo a falsificar estas ofrendas, y a sacrificar sus propios hijos sobre los altares de sus dioses. A medida que los hombres se alejaban de Dios, los atributos divinos: la justicia, la pureza y el amor, fueron reemplazados por la opresión, la violencia y la brutalidad.

Los hombres de Babel habían decidido establecer un gobierno independiente de Dios. Sin embargo, había algunos entre ellos que temían al Señor, pero, que habían sido engañados por las pretensiones de los impíos, y enredados por sus ardides. Por amor a éstos el Señor retardó sus juicios, y dio tiempo a los seres humanos para que revelasen su carácter verdadero. A medida que esto se cumplía, los hijos de Dios trabajaban por hacerles cambiar su propósito; pero los hombres estaban completamente unidos en su atrevida empresa contra el cielo. Si no se los hubiese reprimido, habrían

> *Los hombres de Babel habían decidido establecer un gobierno independiente de Dios.*
>
>

desmoralizado al mundo cuando todavía era joven. Su confederación se fundó en la rebelión; era un reino que se establecía para el ensalzamiento propio, en el cual Dios no iba a tener soberanía ni honor.

Si se hubiese permitido esta confederación, un formidable poder habría procurado desterrar la justicia, la paz, la felicidad y la seguridad de este mundo. En lugar del estatuto divino que es "santo, y justo, y bueno" (Rom. 7:12), los hombres estaban tratando de establecer leyes que satisficieran su propio corazón cruel y egoísta.

Los que temían al Señor le imploraron que intercediese. "Y descendió Jehová para ver la ciudad y la torre que edificaban los hijos de los hombres." (Gén. 11:5.) Por misericordia hacia el mundo, Dios frustró el propósito de los edificadores de la torre, y derrumbó el monumento de su osadía. Por misericordia, confundió su lenguaje y estorbó sus propósitos de rebelión.

> *Por misericordia hacia el mundo, Dios frustró el propósito de los edificadores de la torre, y derrumbó el monumento de su osadía.*

Dios soporta pacientemente la perversidad de los hombres, dándoles amplia oportunidad para arrepentirse; pero toma en cuenta todos sus ardides para resistir la autoridad de su justa y santa ley. De vez en cuando la mano invisible que empuñaba el centro del gobierno se extiende para reprimir la iniquidad. Se da evidencia inequívoca de que el Creador del universo, el que es infinito en sabiduría, amor y verdad, es el Gobernante supremo del cielo y de la tierra, cuyo poder nadie puede desafiar impunemente.

Los planes de los constructores de la torre de Babel terminaron en vergüenza y derrota. El monumento de su orgullo sirvió para conmemorar su locura. Pero los hombres siguen hoy el mismo sendero, confiando en sí mismos y rechazando la ley de Dios. Es el principio que Satanás trató de practicar en el cielo, el mismo que siguió Caín al presentar su ofrenda.

Constructores de la Torre de Babel en Nuestro Tiempo

Hay constructores de torres en nuestros días. Los incrédulos formulan sus teorías sobre supuestas deducciones de la ciencia, y rechazan la palabra revelada de Dios. Pretenden juzgar el gobierno moral de Dios; desprecian su ley y se jactan de la suficiencia de la razón humana. Y, "porque no se ejecuta luego sentencia sobre la mala obra, el corazón de los hijos de los hombres está en ellos lleno para hacer mal." (Ecl. 8:11.)

El monumento de su orgullo sirvió para conmemorar su locura.

En el mundo que profesa ser cristiano, muchos se alejan de las claras enseñanzas de la Sagrada Escritura y construyen un credo fundado en especulaciones humanas y fábulas agradables; y señalan su torre como una manera de subir al cielo. Los hombres penden admirados de los labios elocuentes, que enseñan que el transgresor no morirá, que la salvación se puede obtener sin obedecer a la ley de Dios. Si los que profesan ser discípulos de Cristo aceptaran las normas de Dios, se unirían entre sí, pero mientras se ensalce la sabiduría humana sobre la santa Palabra, habrá divisiones y disensiones. La confusión existente entre los credos y sectas contrarias se representa adecuadamente por el término "Babilonia," que la profecía aplica a las iglesias mundanas de los últimos días.

Muchos procuran hacerse un cielo adquiriendo riquezas y poder. "Hablan con maldad de hacer violencia; hablan con altanería" (Sal. 73:8), pisotean los derechos humanos, y desprecian la autoridad divina. Podrán los orgullosos ejercer momentáneamente gran poder y tener éxito en todas sus empresas; pero al fin sólo encontrarán desilusión y miseria.

El tiempo de la investigación de Dios ha llegado. El Altísimo descenderá para ver lo que los hijos de los hombres han construido. Su poder soberano se revelará; las obras del orgullo humano serán abatidas. "Desde los cielos miró Jehová; vio a todos los hijos de los hombres: desde la morada de su asiento miró sobre todos los moradores de la tierra." "Jehová hace nulo el consejo de las gentes, y frustra las maquinaciones de los pueblos. El consejo de Jehová permanecerá para siempre; los pensamientos de su corazón por todas las generaciones." (Sal. 33:13, 14, 10, 11.)

Segunda Parte

Preguntas para dialogar

- *¿Cuáles son los paralelismos entre la destrucción por agua en los días de Noé y la destrucción por el fuego en los días de Lot?*

- *¿Cuáles fueron las causas fundamentales de los pecados de Sodoma?*

- *¿Cómo vinculó Cristo el tiempo de Noé, el tiempo en los días de Lot, y nuestros días?*

- *¿Por qué mezcló Jesús los eventos de la destrucción de Jerusalén con el gran día de su regreso? ¿Por qué siempre da Dios al hombre advertencia de juicios venideros?*

- *¿Por qué reveló Cristo las señales de la cercanía de Su venida, pero no la hora exacta?*

- *Teniendo en mente las señas que dio Jesús en el Monte de Olivos, ¿qué significado vemos en las condiciones de nuestro mundo moderno?*

La Tormenta Se Aproxima

"Como fue en los días de Lot..."

*Y como fue en los días de Noé, así también será en los días del Hijo del Hombre...Asimismo también **como fue en los días de Lot**; comían, bebían, compraban, vendían, plantaban, edificaban; mas el día que Lot salió de Sodoma, llovió del cielo fuego y azufre, y destruyó a todos. Como esto será el día en que el Hijo del hombre se manifestará. (Luc. 17:26-30 RVA, énfasis añadido)*

Porque si Dios no perdonó á los ángeles que habían pecado, sino que habiéndolos despeñado en el infierno con cadenas de oscuridad, los entregó para ser reservados al juicio. Y si no perdonó al mundo viejo, mas guardó á Noé, pregonero de justicia, con otras siete personas, trayendo el diluvio sobre el mundo de malvados. Y si condenó por destrucción las ciudades de Sodoma y de Gomorra, tornándolas en ceniza, y poniéndolas por ejemplo á los que habían de vivir sin temor y reverencia de Dios, y libró al justo Lot, acosado por la nefanda conducta de los malvados. (Porque este justo, con ver y oír, morando entre ellos, afligía cada día su alma justa con los hechos de aquellos injustos;) sabe el Señor librar de tentación á los píos, y reservar á los injustos para ser atormentados en el día del juicio. (2 Pedro 2:4–9 RVA)

Capítulo 6

Basado en Génesis 19.

La Última Noche en Sodoma

La Destrucción de Sodoma – Primera Parte

L A MÁS bella entre las ciudades del valle del Jordán era Sodoma, situada en una llanura que era como el "huerto de Jehová" (Gén. 13:10) por su fertilidad y hermosura. Allí florecía la abundante vegetación de los trópicos. Allí abundaban la palmera, el olivo y la vid, y las flores esparcían su fragancia durante todo el año. Abundantes mieses revestían los campos, y muchos rebaños lanares y vacunos cubrían las colinas circundantes. El arte y el comercio contribuían a enriquecer la orgullosa ciudad de la llanura. Los tesoros del oriente adornaban sus palacios, y las caravanas del desierto proveían sus mercados de preciosos artículos. Con poco trabajo mental o físico, se podían satisfacer todas las necesidades de la vida, y todo el año parecía una larga serie de festividades.

La Raíz del Pecado de Sodoma

La abundancia general dio origen al lujo y al orgullo. La ociosidad y las riquezas endurecen el corazón que nunca ha estado oprimido por la necesidad ni sobrecargado por el pesar. El amor a los placeres fue fomentado por la riqueza y la ociosidad, y la gente se entregó a la complacencia sensual. "He aquí—dice Ezequiel,—que ésta fue la maldad de Sodoma tu hermana: soberbia, hartura de pan, y abundancia de ociosidad tuvo ella y sus hijas; y no corroboró la mano del afligido y del menesteroso. Y ensoberbeciéronse, e hicieron abominación delante de mí, y quitélas como vi bueno." (Eze. 16:49, 50.)

Nada desean los hombres tanto como la riqueza y la ociosidad, y, sin embargo, estas cosas fueron el origen de los pecados que acarrearon la destrucción de las ciudades de la llanura. La vida inútil y ociosa de sus habitantes los hizo víctimas de las tentaciones de Satanás, desfiguraron la imagen de Dios, y se hicieron más satánicos que divinos.

La ociosidad es la mayor maldición que puede caer sobre el hombre; porque la siguen el vicio y el crimen. Debilita la mente, pervierte el entendimiento y el alma. Satanás está al acecho, pronto para destruir a los imprudentes cuya ociosidad le da ocasión de acercarse a ellos bajo cualquier disfraz atractivo. Nunca tiene más éxito que cuando se aproxima a los hombres en sus horas ociosas.

La ociosidad es la mayor maldición que puede caer sobre el hombre; porque la siguen el vicio y el crimen.

Reinaban en Sodoma el alboroto y el júbilo, los festines y las borracheras. Las más viles y más brutales pasiones imperaban desenfrenadas. Los habitantes desafiaban públicamente a Dios y a su ley, y encontraban deleite en los actos de violencia. Aunque tenían ante si el ejemplo del mundo antediluviano, y sabían cómo se había manifestado la ira de Dios en su destrucción, sin embargo, seguían la misma conducta impía.

Cuando Lot se trasladó a Sodoma, la corrupción no se había generalizado, y Dios en su misericordia permitió que brillasen rayos de luz en medio de las tinieblas morales. Cuando Abrahán libró a los cautivos de los elamitas, la atención del pueblo fue atraída a la verdadera fe. Abrahán no era desconocido para los habitantes de Sodoma, y su veneración del Dios invisible había sido para ellos objeto de ridículo; pero su victoria sobre fuerzas muy superiores, y su magnánima disposición acerca de los prisioneros y del botín, despertaron la admiración y el asombro. Mientras alababan su habilidad y valentía, nadie pudo evitar la convicción de que un poder divino le había dado la victoria. Y su espíritu noble y desinteresado, tan extraño para los egoístas habitantes de Sodoma, fue otra prueba de la superioridad de la religión a la que honró por su valor y fidelidad.

Melquisedec, al bendecir a Abrahán, había reconocido a Jehová como la fuente de todo su poder y como autor de la victoria: "Bendito sea Abram del Dios alto, poseedor de los cielos y de la tierra; y bendito sea el Dios alto, que entregó tus enemigos en tu mano."

(Gén. 14:19, 20.) Dios estaba hablando a aquel pueblo por su providencia, pero el último rayo de luz fue rechazado, como todos los anteriores.

Hacia la Última Noche en Sodoma

Y ahora se acercaba la última noche de Sodoma. Las nubes de la venganza proyectaban ya sus sombras sobre la ciudad condenada. Pero los hombres no las percibieron. Mientras se acercaban los ángeles con su misión destructora, los hombres soñaban con prosperidad y placer. El último día fue como todos los demás que habían llegado y desaparecido. La noche se cerró sobre una escena de hermosura y seguridad. Los rayos del sol poniente inundaron un panorama de incomparable belleza. La frescura del atardecer había atraído fuera de las casas a los habitantes de la ciudad, y las muchedumbres amantes del placer se paseaban gozando de aquel momento.

A la caída de la tarde, dos forasteros se acercaron a la puerta de la ciudad. Parecían viajeros que venían a pasar allí la noche. Nadie pudo reconocer en estos humildes caminantes a los poderosos heraldos del juicio divino, y poco pensaba la alegre e indiferente muchedumbre que, en su trato con estos mensajeros celestiales, esa misma noche colmaría la culpabilidad que condenaba a su orgullosa ciudad. Pero hubo un hombre que demostró a los forasteros una amable atención, convidándolos a su casa. Lot no conocía el verdadero carácter de los visitantes, pero la cortesía y la hospitalidad eran una costumbre en él, eran una parte de su religión, eran lecciones que había aprendido del ejemplo de Abrahán. Si no hubiera cultivado este espíritu de cortesía, habría sido abandonado para que pereciera con los demás habitantes de Sodoma. Muchas familias, al cerrar sus puertas a un forastero, han excluido a algún mensajero de Dios, que les habría proporcionado bendición, esperanza y paz.

La cortesía y la hospitalidad eran una costumbre en él, eran una parte de su religión.

En la vida, todo acto, por insignificante que sea, tiene su influencia para el bien o para el mal. La fidelidad o el descuido en lo que parecen ser deberes menos importantes puede abrir la puerta a las más

ricas bendiciones o a las mayores calamidades. Son las cosas pequeñas las que prueban el carácter. Dios mira con una sonrisa compla-
ciente los actos humildes de abnegación cotidiana, si se realizan con
un corazón alegre y voluntario. No hemos de vivir para nosotros mismos, sino para los demás. Sólo olvidán-
donos de nosotros mismos y abrigando
un espíritu amable y ayudador, podemos
hacer de nuestra vida una bendición. Las
pequeñas atenciones, los actos sencillos de
cortesía, contribuyen mucho a la felicidad
de la vida, y el descuido de estas cosas in-
fluye no poco en la miseria humana.

Son las cosas pequeñas las que prueban el carácter.

Conociendo Lot el maltrato a que los
forasteros estarían expuestos en Sodoma, consideró deber suyo pro-
tegerlos, ofreciéndoles hospedaje en su propia casa. Estaba sentado a
la puerta de la ciudad cuando los viajeros se acercaron, y al verlos, se
levantó para ir a su encuentro, e inclinándose cortésmente, les dijo:
"Ahora, pues, mis señores, os ruego que vengáis a casa de vuestro
siervo y os hospedéis." (Véase Génesis 19.) Pareció que rehusaban
su hospitalidad cuando contestaron: "No, que en la plaza nos que-
daremos esta noche." La intención de esta contestación era doble:
probar la sinceridad de Lot, y también aparentar que ignoraban el
carácter de los habitantes de Sodoma, como si supusieran que había
seguridad en quedarse en la calle durante la noche. Su contestación
hizo que Lot se sintiera más decidido a no dejarlos a merced del po-
pulacho. Repitió su invitación hasta que cedieron y le acompañaron
a su casa.

Lot había esperado ocultar su intención a los ociosos que estaban en la puerta, llevando a los forasteros a su casa mediante un ro-
deo; pero la vacilación y tardanza de éstos, así como las instancias de
él dieron tiempo a que los observaran; y antes de que se acostaran
aquella noche, una muchedumbre desenfrenada se reunió alrededor
de la casa. Era una inmensa multitud de jóvenes y ancianos, todos
igualmente enardecidos por las más bajas pasiones. Los forasteros se
habían informado del carácter de la ciudad, y Lot les había advertido
que no se atrevieran a salir de la casa por la noche; en ese momento
se oyeron los gritos y las mofas de la muchedumbre, que exigía que
sacara afuera a los hombres.

Sabiendo Lot que si provocaba la violencia de esta gente, podrían derribar fácilmente la puerta de su casa, salió a ver si podía conseguir algo mediante la persuasión. "Os ruego—dijo,—hermanos míos, que no hagáis tal maldad." Sirviéndose de la palabra "hermanos" en el sentido de vecinos, esperaba conciliárselos y avergonzarlos de sus malos propósitos. Pero sus palabras fueron como aceite sobre las llamas. La ira de la turba creció como una rugiente tempestad. Se burlaron de Lot por intentar hacerse juez de ellos, y le amenazaron con tratarle peor de cómo intentaban tratar a sus huéspedes. Se abalanzaron sobre él, y le habrían despedazado si no le hubiesen librado los ángeles de Dios. Los mensajeros celestiales "alargaron la mano, y metieron a Lot en casa con ellos, y cerraron las puertas." Los sucesos que siguieron manifestaron el carácter de los huéspedes a quienes había alojado. "Y a los hombres que estaban a la puerta de la casa desde el menor hasta el mayor, hirieron con ceguera; mas ellos se fatigaban por hallar la puerta." Si por el endurecimiento de su corazón, no hubiesen sido afectados por doble ceguedad, el golpe que Dios les asestara los habría atemorizado y hecho desistir de sus obras impías.

> *Los habitantes de Sodoma habían pasado los límites de la longanimidad divina.*

Aquella última noche no se distinguió porque se cometieran mayores pecados que en otras noches anteriores; pero la misericordia, tanto tiempo despreciada, al fin cesó de interceder por ellos. Los habitantes de Sodoma habían pasado los límites de la longanimidad divina, "el límite oculto entre la paciencia de Dios y su ira." Los fuegos de su venganza estaban por encenderse en el valle de Sidim.

Una Advertencia de Destrucción

Los ángeles manifestaron a Lot el objeto de su misión: "Vamos a destruir este lugar, por cuanto el clamor de ellos ha subido de punto delante de Jehová; por tanto Jehová nos ha enviado para destruirlo." Los forasteros a quienes Lot había tratado de proteger, le prometieron a su vez protegerlo a él y salvar también a todos los miembros de su familia que huyeran con él de la ciudad impía. La turba ya cansada se había marchado, y Lot salió para avisar a sus yernos. Repitió las palabras de los ángeles: "Levantaos, salid de este lugar; porque Jehová va a destruir esta ciudad." Pero a ellos les pareció que Lot bromeaba. Se rieron de lo que llamaron sus temores supersticiosos. Sus hijas se dejaron convencer por la influencia de sus maridos. Se encontraban perfectamente bien donde estaban. No podían ver señal alguna de peligro. Todo estaba exactamente como antes. Tenían grandes haciendas, y no les parecía posible que la hermosa Sodoma iba a ser destruida.

Lleno de dolor, regresó Lot a su casa, y contó su fracaso. Entonces los ángeles le mandaron levantarse, llevar a su esposa y a sus dos hijas que estaban aún en la casa, y abandonar la ciudad. Pero Lot se demoraba. Aunque diariamente se afligía al presenciar actos de violencia, no tenía un verdadero concepto de la abominable iniquidad y la depravación que se practicaban en esa vil ciudad. No comprendía la terrible necesidad de que los juicios de Dios reprimiesen el pecado. Algunos de sus cercanos se

No comprendía la terrible necesidad de que los juicios de Dios reprimiesen el pecado.

aferraban a Sodoma, y su esposa se negaba a marcharse sin ellos. A Lot le parecía insoportable la idea de dejar a los que más quería en la tierra. Le apenaba abandonar su suntuosa morada y la riqueza adquirida con el trabajo de toda su vida, para salir como un pobre peregrino. Aturdido por el dolor, se demoraba, y no podía marcharse. Si no hubiese sido por los ángeles de Dios, todos habrían perecido en la ruina de Sodoma. Los mensajeros celestiales asieron de la mano a Lot y a su mujer y a sus hijas, y los llevaron fuera de la ciudad.

Allí los dejaron los ángeles y se volvieron a Sodoma para cumplir su obra de destrucción. Otro, Aquel a quien había implorado Abrahán, se acercó a Lot. En todas las ciudades de la llanura, no se habían encontrado ni siquiera diez justos; pero en respuesta al ruego del patriarca, el hombre que temía a Dios fue preservado de la destrucción. Con vehemencia aterradora se le dio el mandamiento: "Escapa por tu vida; no mires tras ti, ni pares en toda esta llanura; escapa al monte, no sea que perezcas." Cualquier tardanza o vacilación sería ahora fatal. El retrasarse por echar una sola mirada a la ciudad condenada, el detenerse un solo momento, sintiendo dejar un hogar tan hermoso, les habría costado la vida. La tempestad del juicio divino sólo esperaba que estos pobres fugitivos escapasen.

Pero Lot, confuso y aterrado, protestó que no podía hacer lo que se le exigía, por temor a que le ocurriera algún mal que le causara la muerte. Mientras vivía en aquella ciudad impía, en medio de la incredulidad, su fe había disminuido. El Príncipe del cielo estaba a su lado, y sin embargo rogaba por su vida como si el Dios que había manifestado tanto cuidado y amor hacia él no estuviera dispuesto a seguir protegiéndole. Debiera haber confiado plenamente en el mensajero divino, poniendo su voluntad y su vida en las manos del Señor, sin duda ni pregunta alguna. Pero como tantos otros, trató de hacer planes por sí mismo: "He aquí ahora esta ciudad está cerca para huir allá, la cual es pequeña: escaparé ahora allá, (¿no es ella pequeña?) y vivirá mi alma." La ciudad mencionada aquí era Bela, que más tarde se llamó Zoar. Estaba a pocas millas de Sodoma, era tan corrompida como ésta, y también condenada a la destrucción. Pero Lot rogó que fuese conservada, insistiendo en que era poco lo que pedía; y lo que deseaba le fue otorgado. El Señor le aseguró: "He aquí he recibido también tu súplica sobre esto, y no destruiré la ciudad de que has hablado." ¡Cuánta es la misericordia de Dios hacia sus extraviadas criaturas!

La Esposa de Lot

Otra vez se le dio la solemne orden de apresurarse, pues la tempestad de fuego tardaría muy poco en llegar. Pero una de las personas fugitivas se atrevió a mirar hacia atrás, hacia la ciudad condenada, y se convirtió en monumento del juicio de Dios. Si Lot mismo no hubiese vacilado en obedecer a la advertencia del ángel, y si hubiese huído con prontitud hacia las montañas, sin una palabra de súplica ni de protesta, su esposa también habría podido escapar. La influencia del ejemplo de él la habría salvado del pecado que selló su condenación. Pero la vacilación y la tardanza de él la indujeron a ella a considerar livianamente la amonestación divina. Mientras su cuerpo estaba en la llanura, su corazón se asía de Sodoma, y con Sodoma pereció. Se rebeló contra Dios porque sus juicios arrastraban a sus hijos y sus bienes a la ruina. Aunque fue muy favorecida al ser llamada a que saliera de la ciudad impía, creyó que se la trataban duramente, porque tenía que dejar para ser destruidas las riquezas que habían acumulado con el trabajo de muchos años. En vez de aceptar la salvación con gratitud, miró hacia atrás presuntuosamente deseando la vida de los que habían despreciado la advertencia divina. Su pecado mostró que no era digna de la vida, por cuya conservación sentía tan poca gratitud.

Debiéramos guardarnos de tratar tan ligeramente las benignas medidas que Dios toma para nuestra salvación. Hay cristianos que dicen: "No me interesa ser salvo, si mi esposa y mis hijos no se salvan conmigo." Les parece que sin la presencia de los que les son tan queridos, el cielo no sería el cielo para ellos. Pero, al albergar tales sentimientos, ¿tienen un concepto justo de su propia relación con Dios, en vista de su gran bondad y misericordia hacia ellos? ¿Han olvidado que están obligados por los lazos más fuertes del amor, del honor y de la fidelidad a servir a su Creador y Salvador? Las invitaciones de la misericordia se dirigen a todos; y porque nuestros amigos rechazan el implorante amor del Salvador, ¿hemos de apartarnos también nosotros? La redención del alma es preciosa. Cristo pagó un precio infinito por nuestra salvación, y porque otros la desechen, ninguna persona que aprecie el valor de este gran sacrificio, o el valor del alma, despreciará la misericordia de Dios. El mismo hecho de que otros no reconozcan los justos requerimientos de Dios debiera incitarnos a honrar al Creador con más diligencia, y a inducir a todos los que alcance nuestra influencia a aceptar su amor.

Capítulo 7

Basado en Génesis 19.

Destrucción por Fuego
La Destrucción de Sodoma – Segunda Parte

"El sol salía sobre la tierra, cuando Lot llegó a Zoar." Los claros rayos matutinos parecían anunciar sólo prosperidad y paz a las ciudades de la llanura. Empezó el ajetreo de la vida diaria por las calles; los hombres iban por sus distintos caminos, a su negocio o a los placeres del día. Los yernos de Lot se burlaban de los temores y advertencias del caduco anciano.

De repente, como un trueno en un cielo despejado, se desató la tempestad. El Señor hizo llover fuego y azufre del cielo sobre las ciudades y la fértil llanura. Sus palacios y templos, las costosas moradas, los jardines y viñedos, la muchedumbre amante del placer, que la noche anterior había injuriado a los mensajeros del cielo, todo fue consumido. El humo de la conflagración ascendió al cielo como si fuera el humo de un gran horno. Y el hermoso valle de Sidim se convirtió en un desierto, un sitio que jamás había de ser reconstruido ni habitado, como testimonio para todas las generaciones de la seguridad con que el juicio de Dios castiga el pecado.

Las llamas que consumieron las ciudades de la llanura transmiten hasta nuestros días la luz de su advertencia. Se nos enseña la temible y solemne lección de que mientras la misericordia de Dios tiene mucha paciencia con el transgresor, hay un límite más allá del cual los hombres no pueden seguir en sus pecados. Cuando se llega a ese límite, se retira el ofrecimiento de la gracia y comienza la ejecución del juicio.

Pecado Peor que el de Sodoma

El Redentor del mundo declara que hay pecados mayores que aquellos por los cuales fueron destruidas Sodoma y Gomorra. Los que oyen la invitación del Evangelio que llama a los pecadores al arrepentimiento, y no hacen caso de ella, son más culpables ante Dios que los habitantes del valle de Sidim. Mayor aun es el pecado de los que aseveran conocer a Dios y guardar sus mandamientos, y sin embargo, niegan a Cristo en su carácter y en su vida diaria. De acuerdo con lo indicado por el Salvador, la suerte de Sodoma es una solemne advertencia, no meramente para los que son culpables de pecados manifiestos, sino para todos aquellos que están jugando con la luz y los privilegios que vienen del cielo.

> *Los que oyen la invitación del Evangelio que llama a los pecadores al arrepentimiento, y no hacen caso de ella, son más culpables ante Dios que los habitantes del valle de Sidim.*

El Testigo fiel dijo a la iglesia de Efeso: "Tengo contra ti que has dejado tu primer amor. Recuerda por tanto de dónde has caído, y arrepiéntete, y haz las primeras obras; pues si no, vendré presto a ti, y quitaré tu candelero de su lugar, si no te hubieres arrepentido." (Apoc. 2:4, 5.)

Con una compasión más tierna que la que conmueve el corazón de un padre terrenal que perdona a su hijo pródigo y doliente, el Salvador anhela que respondamos a su amor y al perdón que nos ofrece. Dice a los extraviados: "Tornaos a mí, y yo me tornaré a vosotros." (Mal. 3:7.) Pero si el pecador se niega obstinadamente a responder a la voz que le llama con compasivo y tierno amor, será abandonado al fin en las tinieblas. El corazón que ha menospreciado por mucho tiempo la misericordia de Dios se endurece en el pecado, y ya no es susceptible a la influencia de la gracia divina. Terrible será la suerte de aquel de quien por último el Salvador declare: "Es dado a ídolos." (Ose. 4:17.) En el día del juicio, la suerte de las ciudades de la llanura será más tolerable que la de aquellos que reconocieron el amor de Cristo y, sin embargo, se apartaron para seguir los placeres de un mundo pecador.

Vosotros que despreciáis los ofrecimientos de la misericordia, pensad en la larga serie de asientos que se acumulan contra vosotros en los libros del cielo; pues allá se registra la impiedad de las naciones, las familias y los individuos. Dios puede soportar mucho mientras se lleva la cuenta, y puede enviar llamados al arrepentimiento y ofrecer perdón; sin embargo, llegará el momento cuando habrá completado la cuenta; cuando el alma habrá hecho su elección; cuando por su propia decisión el hombre habrá fijado su destino. Entonces se dará la señal para ejecutar el juicio.

Los Días de Lot y Nuestro Tiempo

Hay motivo para inquietarse por el estado religioso del mundo actual. Se ha jugado con la gracia de Dios. La multitud ha anulado la ley de Dios "enseñando doctrinas y mandamientos de hombres." (Mat. 15:9.) La incredulidad prevalece en muchas iglesias de nuestra tierra; no es una incredulidad en el sentido más amplio, que niegue abiertamente la Sagrada Escritura, sino una incredulidad envuelta en la capa del cristianismo, mientras mina la fe en la Biblia como revelación de Dios. La devoción ferviente y la piedad viva han cedido el lugar a un formalismo hueco. Como resultado prevalece la apostasía y el sensualismo. Cristo declaró: "Asimismo también como fue en los días de Lot; ...como esto será el día en que el Hijo del hombre se manifestará." (Luc. 17:28-30.) El registro diario de los acontecimientos atestigua el cumplimiento de estas palabras. El mundo está madurando

> *La incredulidad prevalece en muchas iglesias de nuestra tierra.*

rápidamente para la destrucción. Pronto se derramarán los juicios de Dios, y serán consumidos el pecado y los pecadores.

Dijo nuestro Salvador: "Mirad por vosotros, que vuestros corazones no sean cargados de glotonería y embriaguez, y de los cuidados de esta vida, y venga de repente sobre vosotros aquel día. Porque como un lazo vendrá sobre todos los que habitan sobre la faz de toda la tierra," sobre todos aquellos cuyos intereses se concentran en este mundo. "Velad pues, orando en todo tiempo, que seáis tenidos por dignos de evitar todas estas cosas que han de venir y de estar en pie delante del Hijo del hombre." (Luc. 21:34-36.)

Antes de destruir a Sodoma, Dios mandó un mensaje a Lot: "Escapa por tu vida; no mires tras ti, ni pares en toda esta llanura;

escapa al monte, no sea que perezcas." La misma voz amonestadora fue oída por los discípulos de Cristo antes de la destrucción de Jerusalén: "Y cuando viereis a Jerusalem cercada de ejércitos, sabed entonces que su destrucción ha llegado. Entonces los que estuvieron en Judea, huyan a los montes." (Luc. 21:20, 21.) No debían detenerse para salvar algo de su hacienda, sino aprovechar lo mejor posible la ocasión para la fuga.

Así fue en los días de Noé; así ocurrió en el caso de Lot; así en el de los discípulos antes de la destrucción de Jerusalén, y así será en los últimos días.

Hubo una salida, una separación decidida de los impíos, una fuga para salvar la vida. Así fue en los días de Noé; así ocurrió en el caso de Lot; así en el de los discípulos antes de la destrucción de Jerusalén, y así será en los últimos días. De nuevo se oye la voz de Dios en un mensaje de advertencia, que manda a su pueblo separarse de la impiedad creciente.

La depravación y la apostasía que existirán en los últimos días en el mundo religioso se le presentó al profeta Juan en la visión de Babilonia, "la grande ciudad que tiene reino sobre los reyes de la tierra." (Apoc. 17:18.) Antes de que sea destruída se ha de oír la llamada del cielo: "Salid de ella, pueblo mío, porque no seáis participantes de sus pecados, y que no recibáis de sus plagas." (Apoc. 18:4.) Como en días de Noé y Lot, es necesario separarse decididamente del pecado y de los pecadores. No puede haber transigencia entre Dios y el mundo, ni se puede volver atrás para conseguir tesoros terrenales. "No podéis servir a Dios y a Mammón." (Mat. 6:24.)

Como los habitantes del valle de Sidim, la gente sueña ahora con prosperidad y paz. "Escapa por tu vida," es la advertencia de los ángeles de Dios; pero se oyen otras voces que dicen; "No os inquietéis, no hay nada que temer." La multitud vocea: "Paz y seguridad," mientras el Cielo declara que una rápida destrucción está por caer sobre el transgresor. En la noche anterior a su destrucción, las ciudades de la llanura se entregaban desenfrenadamente a los placeres, y se burlaron de los temores y advertencias del mensajero de Dios; pero aquellos burladores perecieron en las llamas; en aquella misma noche la puerta de la gracia fue cerrada para siempre para los impíos y descuidados habitantes de Sodoma.

Dios no será siempre objeto de burla; no se jugará mucho tiempo con él. "He aquí el día de Jehová viene, crudo, y de saña y ardor de ira, para tomar la tierra en soledad, y raer de ella sus pecadores." (Isa. 13:9.) La inmensa mayoría del mundo desechará la misericordia de Dios, y será sumida en pronta e irremisible ruina.

Pero el que presta oídos a la advertencia y "habita al abrigo del Altísimo, morará bajo la sombra del Omnipotente." "Escudo y adarga es su verdad." Para el tal es la promesa: "Saciaréle de larga vida, y mostraréle mi salud." (Sal. 91:1, 4, 16.)

Lot habitó poco tiempo en Zoar. La impiedad reinaba allí como en Sodoma, y tuvo miedo de quedarse, por temor a que la ciudad fuese destruida. Poco después Zoar fue destruída, tal como Dios lo había proyectado. Lot se fue a los montes y vivió en una caverna, privado de todas las cosas por las cuales se había atrevido a exponer a su familia a la influencia de una ciudad impía. Pero hasta allá le siguió la maldición de Sodoma. La infame conducta de sus hijas fue la consecuencia de las malas compañías que habían tenido en aquel vil lugar. La depravación moral de Sodoma se había filtrado de tal manera en su carácter, que ellas no podían distinguir entre lo bueno y lo malo. Los únicos descendientes de Lot, los moabitas y amonitas, fueron tribus viles e idólatras, rebeldes contra Dios, y acérrimos enemigos de su pueblo.

Contrastes entre las vidas de Lot y Abraham

¡Cuán grande fue el contraste entre la vida de Lot y la de Abrahán! Una vez habían sido compañeros, habían adorado ante el mismo altar, y habían morado juntos en sus tiendas de peregrinos. Pero ¡qué separados estaban ahora! Lot había elegido a Sodoma en busca de placer y beneficios. Abandonando el altar de Abrahán y sus sacrificios diarios ofrecidos al Dios viviente, había permitido a sus hijos mezclarse con un pueblo depravado e idólatra; sin embargo, había conservado en su corazón el temor de Dios, pues las Escrituras lo llaman "justo." (2 Ped. 2:7.) Su alma justa se afligía por la vil conversación que tenía que oír diariamente, y por la violencia y los crímenes que no podía impedir. Fue salvado, por fin, como un "tizón arrebatado del incendio" (Zac. 3:2), pero fue privado de su hacienda, perdió a su esposa y a hijos, moró en cuevas como las fieras, en su vejez fue cubierto de infamia, y dio al mundo no una generación de hombres piadosos, sino dos naciones idólatras, que se enemistaron contra Dios y guerrearon contra su pueblo, hasta que, cuando la medida de su impiedad estuvo llena, fueron condenadas a la destrucción. ¡Qué terribles fueron las consecuencias que siguieron a un solo paso imprudente!

¡Qué terribles fueron las consecuencias que siguieron a un solo paso imprudente!

El sabio Salomón dice: "No trabajes por ser rico; pon coto a tu prudencia." "Alborota su casa el codicioso: mas el que aborrece las dádivas, vivirá." (Prov. 23:4; 15:27.) Y el apóstol Pablo declara: "Los que quieren enriquecerse, caen en tentación y lazo, y en muchas codicias locas y dañosas, que hunden a los hombres en perdición y muerte." (1 Tim. 6:9.)

Cuando Lot se estableció en Sodoma, estaba completamente decidido a abstenerse de la impiedad y a "mandar a su casa después de sí" que obedeciera a Dios. Pero fracasó rotundamente. Las corruptoras influencias que le rodeaban afectaron su propia fe, y la unión de sus hijas con los habitantes de Sodoma vinculó hasta cierto punto sus intereses con el de ellos. El resultado está ante nosotros.

Errores al Elegir el Hogar

Muchos continúan cometiendo un error semejante. Cuando buscan donde establecerse, miran las ventajas temporales que pueden obtener, antes que las influencias morales y sociales que los rodearán a ellos y a sus familias. Con la esperanza de alcanzar mayor prosperidad, escogen un país hermoso y fértil o se mudan a una ciudad floreciente; pero sus hijos se ven rodeados de tentaciones, y muy a menudo entran en relaciones poco favorables al desarrollo de la piedad y a la formación de un carácter recto. El ambiente de baja moralidad, de incredulidad, o indiferencia hacia las cosas religiosas, tiende a contrarrestar la influencia de los padres. La juventud ve por todas partes ejemplos de rebelión contra la autoridad de los padres y la de Dios; muchos se unen a los infieles e incrédulos y echan su suerte con los enemigos de Dios.

Al elegir un sitio para vivir, Dios quiere que consideremos ante todo las influencias morales y religiosas que nos rodearan a nosotros y a nuestras familias. Podemos encontrarnos en posiciones difíciles, pues muchos no pueden vivir en el medio en que quisieran. Pero dondequiera que el deber nos llame, Dios nos ayudará a mantenernos incólumes, si velamos y oramos, confiando en la gracia de Cristo. Pero no debemos exponernos innecesariamente a influencias desfavorables a la formación de un carácter cristiano. Si nos colocamos voluntariamente en un ambiente mundano e incrédulo, desagradamos a Dios, y ahuyentamos a los ángeles de nuestras casas.

Consideremos ante todo las influencias morales y religiosas que nos rodearan a nosotros y a nuestras familias.

Los que procuran para sus hijos riquezas y honores terrenales a costa de sus intereses eternos, comprenderán al fin que estas ventajas son una terrible pérdida. Como Lot, muchos ven a sus hijos arruinados, y apenas salvan su propia alma. La obra de su vida se pierde; y resulta en triste fracaso. Si hubiesen ejercido verdadera sabiduría, sus hijos habrían tenido menos prosperidad mundana, pero tendrían en cambio seguro derecho a la herencia inmortal.

El Ejemplo de Abraham

La herencia que Dios prometió a su pueblo no está en este mundo. Abrahán no tuvo posesión en la tierra, "ni aun para asentar un pie." (Hech. 7:5.) Poseía grandes riquezas y las empleaba en honor de Dios y para el bien de sus prójimos; pero no consideraba este mundo como su hogar. El Señor le había ordenado que abandonara a sus compatriotas idólatras, con la promesa de darle la tierra de Canaán como posesión eterna; y sin embargo, ni él, ni su hijo, ni su nieto la recibieron. Cuando Abrahán deseó un lugar donde sepultar sus muertos, tuvo que comprarlo a los cananeos. Su única posesión en la tierra prometida fue aquella tumba cavada en la peña en la cueva de Macpela.

Pero Dios no faltó a su palabra; ni tuvo ésta su cumplimiento final en la ocupación de la tierra de Canaán por el pueblo judío. "A Abraham fueron hechas las promesas, y a su simiente." (Gál. 3:16.)

> *Puede parecer que el cumplimiento de la promesa de Dios tarda mucho; pues "un día delante del Señor es como mil años y mil años como un día;"*

Abrahán mismo debía participar de la herencia. Puede parecer que el cumplimiento de la promesa de Dios tarda mucho; pues "un día delante del Señor es como mil años y mil años como un día;" puede parecer que se demora, pero al tiempo determinado "sin duda vendrá; no tardará." (2 Ped. 3:8; Hab. 2:3.)

La dádiva prometida a Abrahán y a su simiente incluía no sólo la tierra de Canaán, sino toda la tierra. Así dice el apóstol: "No por la ley fue dada la promesa a Abraham o a su simiente, que sería heredero del mundo, sino por la justicia de la fe." (Rom. 4:13.) Y la Sagrada Escritura enseña expresamente que las promesas hechas a Abrahán han de ser cumplidas mediante Cristo. Todos los que pertenecen a Cristo, "ciertamente la simiente de Abrahán" son, "y conforme a la promesa los herederos," herederos de la "herencia incorruptible, y que no puede contaminarse, ni marchitarse," herederos de la tierra libre de la maldición del pecado. Porque "el reino, y el señorío, y la majestad de los reinos debajo de todo el cielo," será "dado al pueblo de los santos del Altísimo;" y "los mansos heredarán la tierra, y se recrearán con abundancia de paz." (Gál. 3:29; 1 Ped. 1:4; Dan. 7:27; Sal. 37:11.)

Dios dio a Abrahán una vislumbre de esta herencia inmortal, y con esta esperanza, él se conformó. "Por fe habitó en la tierra prometida como en tierra ajena, morando en cabañas con Isaac y Jacob, herederos juntamente de la misma promesa: porque esperaba ciudad con fundamentos, el artífice y hacedor de la cual es Dios." (Heb. 11:9, 10.)

De la descendencia de Abrahán dice la Escritura: "Conforme a la fe murieron todos éstos sin haber recibido las promesas, sino mirándolas de lejos, y creyéndolas, y saludándolas, y confesando que eran peregrinos y advenedizos sobre la tierra." Tenemos que vivir aquí como "peregrinos y advenedizos," si deseamos la patria "mejor, es a saber, la celestial." Los que son hijos de Abrahán desearán la ciudad que él buscaba, "el artífice y hacedor de la cual es Dios." (Vers. 13, 16.)

> *Tenemos que vivir aquí como "peregrinos y advenedizos," si deseamos la patria "mejor, es a saber, la celestial."*

Capítulo 8

Basado en Mateo 24; Marcos 13; Lucas 21:5-38.

Una Destrucción Inminente
En el Monte de los Olivos – Primera Parte

as palabras de Cristo a los sacerdotes y gobernantes: "He aquí vuestra casa os es dejada desierta," (Mat. 23:38) habían llenado de terror su corazón. Afectaban indiferencia, pero seguían preguntándose lo que significaban esas palabras. Un peligro invisible parecía amenazarlos. ¿Podría ser que el magnífico templo que era la gloria de la nación iba a ser pronto un montón de ruinas? Los discípulos compartían ese presentimiento de mal, y aguardaban ansiosamente alguna declaración más definida de parte de Jesús. Mientras salían con él del templo, llamaron su atención a la fortaleza y belleza del edificio. Las piedras del templo eran del mármol más puro, de perfecta blancura y algunas de ellas de tamaño casi fabuloso. Una porción de la muralla había resistido el sitio del ejército de Nabucodonosor. En su perfecta obra de albañilería, parecía como una sólida piedra sacada entera de la cantera. Los discípulos no podían comprender cómo se podrían derribar esos sólidos muros.

Por misericordia hacia ellos, fusionó la descripción de las dos grandes crisis.

Al ser atraída la atención de Cristo a la magnificencia del templo, ¡cuáles no deben haber sido los pensamientos que guardó para sí Aquel que había sido rechazado! El espectáculo que se le ofrecía era hermoso en verdad, pero dijo con tristeza: Lo veo todo. Los edificios son de veras admirables. Me mostráis esas murallas como aparentemente indestructibles; pero escuchad mis palabras: Llegará el día en que "no será dejada aquí piedra sobre piedra, que no sea destruida."

Las palabras de Cristo habían sido pronunciadas a oídos de gran número de personas; pero cuando Jesús estuvo solo, Pedro, Juan, Santiago y Andrés vinieron a él mientras estaba sentado en el monte de las Olivas. "Dinos—le dijeron,—¿cuándo serán estas cosas, y qué señal habrá de tu venida, y del fin del mundo?" En su contestación a los discípulos, Jesús no consideró por separado la destrucción de Jerusalén y el gran día de su venida. Mezcló la descripción de estos dos acontecimientos. Si hubiese revelado a sus discípulos los acontecimientos futuros como los contemplaba él, no habrían podido soportar la visión. Por misericordia hacia ellos, fusionó la descripción de las dos grandes crisis, dejando a los discípulos estudiar por sí mismos el significado. Cuando se refirió a la destrucción de Jerusalén, sus palabras proféticas llegaron más allá de este acontecimiento hasta la conflagración final de aquel día en que el Señor se levantará de su lugar para castigar al mundo por su iniquidad, cuando la tierra revelará sus sangres y no encubrirá más sus muertos. Este discurso entero no fue dado solamente para los discípulos, sino también para aquellos que iban a vivir en medio de las últimas escenas de la historia de esta tierra.

Señales de la Destrucción de Jerusalén

Volviéndose a los discípulos, Cristo dijo: "Mirad que nadie os engañe. Porque vendrán muchos en mi nombre, diciendo: Yo soy el Cristo; y a muchos engañarán." Muchos falsos mesías iban a presentarse pretendiendo realizar milagros y declarando que el tiempo de la liberación de la nación judía había venido. Iban a engañar a muchos. Las palabras de Cristo se cumplieron. Entre su muerte y el sitio de Jerusalén, aparecieron muchos falsos mesías. Pero esta amonestación fue dada también a los que viven en esta época del mundo. Los mismos engaños practicados antes de la destrucción de Jerusalén han sido practicados a través de los siglos, y lo serán de nuevo.

Los mismos engaños practicados antes de la destrucción de Jerusalén han sido practicados a través de los siglos, y lo serán de nuevo.

"Y oiréis guerras, y rumores de guerras: mirad que no os turbéis; porque es menester que todo esto acontezca; mas aún no es el fin." Antes de la destrucción de Jerusalén, los hombres contendían por la supremacía. Se mataban emperadores. Se mataba también a los que se creía más cercanos al trono. Había guerras y rumores de guerras. "Es menester que todo esto acontezca—dijo Cristo;—mas aún no es el fin [de la nación judía como tal.] Porque se levantará nación contra nación, y reino contra reino; y habrá pestilencias, y hambres, y terremotos por los lugares. Y todas estas cosas, principio de dolores." Cristo dijo: A medida que los rabinos vean estas señales, declararán que son los juicios de Dios sobre las naciones por mantener a su pueblo escogido en servidumbre. Declararán que estas señales son indicios del advenimiento del Mesías. No os engañéis; son el principio de sus juicios. El pueblo se miró a sí mismo. No se arrepintió ni se convirtió para que yo lo sanase. Las señales que ellos presenten como indicios de su liberación de la servidumbre, os serán señales de su destrucción.

"Entonces os entregarán para ser afligidos, y os matarán; y seréis aborrecidos de todas las gentes por causa de mi nombre. Y muchos entonces serán escandalizados; y se entregarán unos a otros, y unos a otros se aborrecerán." Todo esto lo sufrieron los cristianos. Hubo padres y madres que traicionaron a sus hijos e hijos que traicionaron a sus padres. Amigos hubo que entregaron a sus amigos al Sanedrín. Los perseguidores cumplieron su propósito matando a Esteban, Santiago y otros cristianos.

> *Dios dio al pueblo judío una última oportunidad de arrepentirse.*
>
>

Mediante sus siervos, Dios dio al pueblo judío una última oportunidad de arrepentirse. Se manifestó por medio de sus testigos cuando se los arrestó, juzgó y encarceló. Sin embargo, sus jueces pronunciaron sobre ellos la sentencia de muerte. Eran hombres de quienes el mundo no era digno, y matándolos, los judíos crucificaban de nuevo al Hijo de Dios. Así sucederá nuevamente. Las autoridades harán leyes para restringir la libertad religiosa. Asumirán el derecho que pertenece a Dios solo. Pensarán que pueden forzar la conciencia que únicamente Dios debe regir. Aun ahora están comenzando; y continuarán esta obra hasta alcanzar el límite que no pueden pasar. Dios se interpondrá en favor de su pueblo leal, que observa sus mandamientos.

En toda ocasión en que haya persecución, los que la presencian se deciden o en favor de Cristo o contra él. Los que manifiestan simpatía por aquellos que son condenados injustamente demuestran su afecto por Cristo. Otros son ofendidos porque los principios de la verdad condenan directamente sus prácticas. Muchos tropiezan, caen y apostatan de la fe que una vez defendieron. Los que apostatan en tiempo de prueba llegarán, para conseguir su propia seguridad, a dar falso testimonio y a traicionar a sus hermanos. Cristo nos advirtió todo esto a fin de que no seamos sorprendidos por la conducta antinatural y cruel de los que rechazan la luz.

> *Las autoridades harán leyes para restringir la libertad religiosa.*

Cristo dio a sus discípulos una señal de la ruina que iba a venir sobre Jerusalén, y les dijo cómo podían escapar: "Cuando viereis a Jerusalem cercada de ejércitos, sabed entonces que su destrucción ha llegado. Entonces los que estuvieren en Judea, huyan a los montes; y los que en medio de ella, váyanse; y los que estén en los campos, no entren en ella. Porque estos son días de venganza: para que se cumplan todas las cosas que están escritas." Esta advertencia fue dada para que la recordasen cuarenta años más tarde en ocasión de la destrucción de Jerusalén. Los cristianos obedecieron la amonestación y ni uno de ellos pereció cuando cayó la ciudad.

"Orad, pues, que vuestra huida no sea en invierno ni en sábado," dijo Cristo. El que hizo el sábado no lo abolió clavándolo en su cruz. El sábado no fue anulado por su muerte. Cuarenta años después de su crucifixión, había de ser considerado todavía sagrado. Durante cuarenta años, los discípulos debían orar porque su huida no fuese en sábado.

Señales de la Segunda Venida de Cristo

De la destrucción de Jerusalén, Cristo pasó rápidamente al acontecimiento mayor, el último eslabón de la cadena de la historia de esta tierra: la venida del Hijo de Dios en majestad y gloria. Entre estos dos acontecimientos, estaban abiertos a la vista de Cristo largos siglos de tinieblas, siglos que para su iglesia estarían marcados con sangre, lágrimas y agonía. Los discípulos no podían entonces soportar la visión de estas escenas, y Jesús las pasó con una breve mención. "Habrá entonces grande aflicción—dijo,—cual no fue desde el principio del mundo hasta ahora, ni será. Y si aquellos días no fuesen acortados, ninguna carne sería salva; mas por causa de los escogidos, aquellos días serán acortados." Durante más de mil años iba a imperar contra los seguidores de Cristo una persecución como el mundo nunca la había conocido antes. Millones y millones de sus fieles testigos iban a ser muertos. Si Dios no hubiese extendido la mano para preservar a su pueblo, todos habrían perecido. "Mas por causa de los escogidos—dijo,—aquellos días serán acortados."

Luego, en lenguaje inequívoco, nuestro Señor habla de su segunda venida y anuncia los peligros que iban a preceder a su advenimiento al mundo. "Si alguno os dijere: He aquí está el Cristo, o allí, no creáis. Porque se levantarán falsos Cristos, y falsos profetas, y darán señales grandes y prodigios; de tal manera que engañarán, si es posible, aun a los escogidos. He aquí os lo he dicho antes. Así que, si os dijeren: He aquí en el desierto está; no salgáis: He aquí en las cámaras; no creáis. Porque como el relámpago que sale del oriente y se muestra hasta el occidente, así será también la venida del Hijo del hombre." Una de las señales de la destrucción de Jerusalén que Cristo había anunciado era: "Muchos falsos profetas se levantarán y engañarán a muchos." Se levantaron falsos profetas que engañaron a la gente y llevaron a muchos al desierto. Magos y hechiceros que pretendían tener un poder milagroso arrastraron a la gente en pos de sí a las soledades montañosas. Pero esa profecía fue dada también para los últimos días. Se trataba de una señal del segundo advenimiento. Aun ahora hay falsos cristos y falsos profetas que muestran señales y prodigios para seducir a sus discípulos. ¿No oímos el clamor: "He aquí en el desierto está"? ¿No han ido millares al desierto esperando hallar a Cristo? Y de los miles de reuniones donde los hombres profesan tener comunión con

En lenguaje inequívoco, nuestro Señor habla de su segunda venida.

los espíritus desencarnados, ¿no se oye ahora la invitación: "He aquí en las cámaras" está? Tal es la pretensión que el espiritismo expresa. Pero, ¿qué dice Cristo? "No creáis. Porque como el relámpago que sale del oriente y se muestra hasta el occidente, así será también la venida del Hijo del hombre."

El Salvador dio señales de su venida y aun más que eso, fijó el tiempo en que la primera de estas señales iba a aparecer. "Y luego después de la aflicción de aquellos días, el sol se obscurecerá, y la luna no dará su lumbre, y las estrellas caerán del cielo, y las virtudes de los cielos serán conmovidas. Y entonces se mostrará la señal del Hijo del hombre en el cielo; y entonces lamentarán todas las tribus de la tierra, y verán al Hijo del hombre que vendrá sobre

Aun ahora hay falsos cristos y falsos profetas que muestran señales y prodigios para seducir a sus discípulos.

las nubes del cielo, con grande poder y gloria. Y enviará sus ángeles con gran voz de trompeta, y juntarán sus escogidos de los cuatro vientos, de un cabo del cielo hasta el otro."

Cristo declaró que al final de la gran persecución papal, el sol se obscurecería y la luna no daría su luz. Luego las estrellas caerían del cielo. Y dice: "De la higuera aprended la parábola: Cuando ya su rama se enternece, y las hojas brotan, sabéis que el verano está cerca. Así también vosotros, cuando viereis todas estas cosas, sabed que está cercano, a las puertas."

Cristo anuncia las señales de su venida. Declara que podemos saber cuándo está cerca, aun a las puertas. Dice de aquellos que vean estas señales: "No pasará esta generación, que todas estas cosas no acontezcan." Estas señales han aparecido. Podemos saber con seguridad que la venida del Señor está cercana. "El cielo y la tierra pasarán—dice,—mas mis palabras no pasarán."

Cristo va a venir en las nubes y con grande gloria. Le acompañará una multitud de ángeles resplandecientes. Vendrá para resucitar a los muertos y para transformar a los santos vivos de gloria en gloria. Vendrá para honrar a los que le amaron y guardaron sus mandamientos, y para llevarlos consigo. No los ha olvidado ni tampoco ha olvidado su promesa. Volverán a unirse los eslabones de la familia. Cuando miramos a nuestros muertos, podemos pensar en la mañana en que la trompeta de Dios resonará, cuando "los muertos serán levantados sin corrupción, y nosotros seremos transformados." (1 Cor. 15:52). Aun un poco más, y veremos al Rey en su hermosura. Un poco más, y enjugará toda lágrima de nuestros ojos. Un poco más, y nos presentará "delante de su gloria irreprensibles, con grande alegría." (Judas 24). Por lo tanto, cuando dio las señales de su venida, dijo: "Cuando estas cosas comenzaren a hacerse, mirad, y levantad vuestras cabezas, porque vuestra redención está cerca."

Aun un poco más, y veremos al Rey en su hermosura.

Pero el día y la hora de su venida, Cristo no los ha revelado. Explicó claramente a sus discípulos que él mismo no podía dar a conocer el día o la hora de su segunda aparición. Si hubiese tenido libertad para revelarlo, ¿por qué habría necesitado exhortarlos a mantener una actitud de constante expectativa? Hay quienes aseveran conocer el día y la hora de la aparición de nuestro Señor. Son muy fervientes en trazar el mapa del futuro. Pero el Señor los ha amonestado a que se aparten de este terreno. El tiempo exacto de la segunda venida del Hijo del hombre es un misterio de Dios.

El Mundo Cuando Cristo Vuelva

Cristo continuó señalando la condición del mundo en ocasión de su venida: "Como los días de Noé, así será la venida del Hijo del hombre. Porque como en los días antes del diluvio estaban comiendo y bebiendo, casándose y dando en casamiento, hasta el día que Noé entró en el arca, y no conocieron hasta que vino el diluvio y llevó a todos, así será también la venida del Hijo del hombre." Cristo no presenta aquí un milenario temporal, mil años en los cuales todos se han de preparar para la eternidad. Nos dice que como fue en los días de Noé, así será cuando vuelva el Hijo del hombre.

¿Cómo era en los días de Noé?—"Vió Jehová que la malicia de los hombres era mucha en la tierra, y que todo designio de los pensamientos del corazón de ellos era de continuo solamente el mal." (Gén. 6:5). Los habitantes del mundo antediluviano se apartaron de Jehová y se negaron a hacer su santa voluntad. Siguieron sus propias imaginaciones profanas e ideas pervertidas. Y a causa de su perversidad fueron destruidos; y hoy el mundo está siguiendo el mismo camino. No ofrece señales halagüeñas de gloria milenaria. Los transgresores de la ley de Dios están llenando la tierra de maldad. Sus apuestas, sus carreras de caballos, sus juegos, su disipación, sus prácticas concupiscentes, sus pasiones indomables, están llenando rápidamente el mundo de violencia.

En la profecía referente a la destrucción de Jerusalén, Cristo dijo: "Y por haberse multiplicado la maldad, la caridad [el amor] de muchos se resfriará. Mas el que perseverare hasta el fin, éste será salvo. Y será predicado este evangelio del reino en todo el mundo, por testimonio a todos los Gentiles; y entonces vendrá el fin." Esta profecía volverá a cumplirse. La abundante iniquidad de aquel día halla su contraparte en esta generación. Lo mismo ocurre con la predicción referente a la predicación del Evangelio. Antes de la caída de Jerusalén, Pablo, escribiendo bajo la inspiración del Espíritu Santo, declaró que el Evangelio había sido predicado a "toda criatura que está debajo del cielo." (Col. 1:23). Así también ahora, antes de la venida del Hijo del hombre, el Evangelio eterno ha de ser predicado "a toda nación y tribu y lengua y pueblo." (Apoc. 14:6, 14).

> *Así también ahora, antes de la venida del Hijo del hombre, el Evangelio eterno ha de ser predicado.*

Dios "ha establecido un día, en el cual ha de juzgar al mundo." (Hech. 17:31). Cristo nos dice cuándo ha de iniciarse ese día. No afirma que todo el mundo se convertirá, sino que "será predicado este evangelio del reino en todo el mundo, por testimonio a todos los Gentiles; y entonces vendrá el fin." Mediante la proclamación del Evangelio al mundo, está a nuestro alcance apresurar la venida de nuestro Señor. No sólo hemos de esperar la venida del día de Dios, sino apresurarla. (2 Ped. 3:12). Si la iglesia de Cristo hubiese hecho su obra como el Señor le ordenaba, todo el mundo habría sido ya amonestado, y el Señor Jesús habría venido a nuestra tierra con poder y grande gloria.

Capítulo 9

Basado en Mateo 24; Marcos 13: Lucas 21:5-38.

¡Velad!

En el Monte de los Olivos – Segunda Parte

Después que hubo indicado las señales de su venida, Cristo dijo: "Cuando viereis hacerse estas cosas, conoced que está cerca, a las puertas." "Mirad, velad y orad." Dios advirtió siempre a los hombres los juicios que iban a caer sobre ellos. Los que tuvieron fe en su mensaje para su tiempo y actuaron de acuerdo con ella, en obediencia a sus mandamientos, escaparon a los juicios que cayeron sobre los desobedientes e incrédulos. A Noé fueron dirigidas estas palabras: "Entra tú y toda tu casa en el arca; porque a ti he visto justo delante de mí." Noé obedeció y se salvó. Este mensaje llegó a Lot: "Levantaos, salid de este lugar; porque Jehová va a destruir esta ciudad." (Gén. 7:1; 19:14). Lot se puso bajo la custodia de los mensajeros celestiales y se salvó. Así también los discípulos de Cristo fueron advertidos acerca de la destrucción de Jerusalén. Los que se fijaron en la señal de la ruina inminente y huyeron de la ciudad escaparon a la destrucción. Así también ahora hemos sido advertidos acerca de la segunda venida de Cristo y de la destrucción que ha de sobrecoger al mundo. Los que presten atención a la advertencia se salvarán.

> *Dios advirtió siempre a los hombres los juicios que iban a caer sobre ellos.*

Esté Atento a la Venida del Señor

Por cuanto no sabemos la hora exacta de su venida, se nos ordena que velemos. "Bienaventurados aquellos siervos, a los cuales cuando el Señor viniere, hallare velando." (Luc. 12:37, 42). Los que velan esperando la venida de su Señor no aguardan en ociosa expectativa. La espera de la venida de Cristo debe inducir a los hombres a temer al Señor y sus juicios sobre los transgresores. Les ha de hacer sentir cuán grande pecado es rechazar sus ofrecimientos de misericordia. Los que aguardan al Señor purifican sus almas obedeciendo la verdad. Con la vigilancia combinan el trabajo ferviente. Por cuanto saben que el Señor está a las puertas, su celo se vivifica para cooperar con los seres divinos y trabajar para la salvación de las

> *Los que velan esperando la venida de su Señor no aguardan en ociosa expectativa.*

almas. Estos son los siervos fieles y prudentes que dan a la familia del Señor "a su tiempo ... su ración." (Luc. 12:37, 42). Declaran la verdad que tiene aplicación especial a su tiempo. Como Enoc, Noé, Abrahán y Moisés declararon cada uno la verdad para su tiempo, así también los siervos de Cristo dan ahora la amonestación especial para su generación.

Pero Cristo presenta otra clase: "Y si aquel siervo malo dijere en su corazón: Mi señor se tarda en venir: y comenzare a herir a sus consiervos, y aun a comer y a beber con los borrachos; vendrá el señor de aquel siervo en el día que no espera."

El Siervo Malo

El mal siervo dice en su corazón: "Mi señor se tarda en venir." No dice que Cristo no vendrá. No se burla de la idea de su segunda venida. Pero en su corazón y por sus acciones y palabras, declara que la venida de su Señor tarda. Destierra del ánimo ajeno la convicción de que el Señor va a venir prestamente. Su influencia induce a los hombres a una demora presuntuosa y negligente. Los confirma en su mundanalidad y estupor. Las pasiones terrenales y los pensamientos corruptos se posesionan de su mente. El mal siervo come y bebe con los borrachos, y se une con el mundo en la búsqueda de placeres. Hiere a sus consiervos acusando y condenando a los que son fieles a su Maestro. Se asocia con el mundo. Siendo semejantes, participan juntos en la transgresión. Es una asimilación temible. Juntamente con el mundo, queda entrampado. Se nos advierte: "Vendrá el Señor de aquel siervo … a la hora que no sabe, y le cortará por medio, y pondrá su parte con los hipócritas."

"Y si no velares, vendré a ti como ladrón, y no sabrás en qué hora vendré a ti." (Apoc. 3:3). El advenimiento de Cristo sorprenderá a los falsos maestros. Están diciendo: "Paz y seguridad." Como los sacerdotes y doctores antes de la caída de Jerusalén, esperan que la iglesia disfrute de prosperidad terrenal y gloria. Interpretan las señales de los tiempos como indicios de esto. Pero ¿qué dice la Palabra inspirada? "Vendrá sobre ellos destrucción de repente." (1 Tes. 5:3). El día de Dios vendrá como ladrón sobre todos los que moran en la faz de la tierra, que hacen de este mundo su hogar. Viene para ellos como ladrón furtivo.

> *Upon all who dwell on the face of the whole earth, upon all who make this world their home, the day of God will come as a snare.*

El mundo, lleno de orgías, de placeres impíos, está dormido en la seguridad carnal. Los hombres están postergando la venida del Señor. Se burlan de las amonestaciones. Orgullosamente se jactan diciendo: "Todas las cosas permanecen así como desde el principio." "Será el día de mañana como éste, o mucho más excelente." (2 Ped. 3:4; Isa. 56:12). Nos hundiremos aun más en el amor a los deleites. Pero Cristo dice: "He aquí, yo vengo como ladrón." (Apoc. 16:15). En el mismo tiempo en que el mundo pregunta con desprecio: "¿Dónde está la promesa de su advenimiento?" (2 Ped. 3:4; Isa. 56:12) se están cumpliendo las señales. Mientras claman: "Paz y seguridad," se acerca la destrucción repentina. Cuando el escarnecedor, el que rechaza la verdad, se ha vuelto presuntuoso; cuando la rutina del trabajo en las diversas formas de ganar dinero se lleva a cabo sin consideración a los principios; cuando los estudiantes procuran ávidamente conocerlo todo menos la Biblia, Cristo viene como ladrón.

En el mundo todo es agitación. Las señales de los tiempos son alarmantes. Los acontecimientos venideros proyectan ya sus sombras delante de sí. El Espíritu de Dios se está retirando de la tierra, y una calamidad sigue a otra por tierra y mar. Hay tempestades, terremotos, incendios, inundaciones, homicidios de toda magnitud. ¿Quién puede leer lo futuro? ¿Dónde hay seguridad? No hay seguridad en nada que sea humano o terrenal. Rápidamente los hombres se están colocando bajo la bandera que han escogido. Inquietos, están aguardando y mirando los movimientos de sus caudillos. Hay quienes están aguardando, velando y trabajando por la aparición de nuestro Señor. Otra clase se está colocando bajo la dirección del primer gran apóstata. Pocos creen de todo corazón y alma que tenemos un infierno que rehuir y un cielo que ganar.

En el mundo todo es agitación. Las señales de los tiempos son alarmantes.

La crisis se está acercando gradual y furtivamente a nosotros. El sol brilla en los cielos y recorre su órbita acostumbrada, y los cielos continúan declarando la gloria de Dios. Los hombres siguen comiendo y bebiendo, plantando y edificando, casándose y dándose en casamiento. Los negociantes siguen comprando y vendiendo. Los hombres siguen luchando unos con otros, contendiendo por el lugar más elevado. Los amadores de placeres siguen atestando los teatros, los hipódromos, los garitos de juego. Prevalece la más intensa excitación, y sin embargo el tiempo de gracia está llegando rápidamente a su fin, y cada caso está por ser decidido para la eternidad. Satanás ve que su tiempo es corto. Ha puesto todos sus agentes a trabajar a fin de que los hombres sean engañados, seducidos, ocupados y hechizados hasta que haya terminado el tiempo de gracia, y se haya cerrado para siempre la puerta de la misericordia.

Solemnemente llegan hasta nosotros, a través de los siglos, las palabras amonestadoras de nuestro Señor desde el monte de las Olivas: "Mirad por vosotros, que vuestros corazones no sean cargados de glotonería y embriaguez, y de los cuidados de esta vida, y venga de repente sobre vosotros aquel día." "Velad pues, orando en todo tiempo, que seáis tenidos por dignos de evitar todas estas cosas que han de venir y de estar en pie delante del Hijo del hombre."

Tercera Parte

Preguntas para dialogar

- *¿Qué preguntas fundamentales sobre el carácter de Dios se presentan en los juicios de los días de Noé y de Lot?*

- *¿Cómo originó el pecado? ¿Por qué un Dios bueno permite el mal y el sufrimiento?*

- *¿Equilibra Dios Su justicia y misericordia? ¿El trato de Dios hacia Lucifer esclarece Su trato con el hombre pecador?*

- *¿Destruirá Dios eventualmente el pecado y los pecadores? ¿Serán restauradas la paz y la armonía universales?*

- *¿Será Dios absuelto en la ejecución de sentencia sobre el pecado? ¿Qué seguridad se da existe de futura felicidad?*

- *¿En qué luz será tenida la cruz de Cristo en la eternidad?*

El Problema del Mal

"En el día de tu creación."

Cómo caíste del cielo, oh Lucero, hijo de la mañana! Cortado fuiste por tierra, tú que debilitabas las gentes. Tú que decías en tu corazón: Subiré al cielo, en lo alto junto á las estrellas de Dios ensalzaré mi solio, y en el monte del testimonio me sentaré, á los lados del aquilón. Sobre las alturas de las nubes subiré, y seré semejante al Altísimo. Mas tú derribado eres en el sepulcro, á los lados de la huesa. (Isaías 14:12-15 RVA)

Hijo del hombre, levanta endechas sobre el rey de Tiro, y dile: Así ha dicho el Señor Jehová: Tú echas el sello á la proporción, lleno de sabiduría, y acabado de hermosura. En Edén, en el huerto de Dios estuviste: toda piedra preciosa fue tu vestidura; el sardio, topacio, diamante, crisólito, ónice, y berilo, el zafiro, carbunclo, y esmeralda, y oro, los primores de tus tamboriles y pífanos estuvieron apercibidos para ti **en el día de tu creación**. Tú, querubín grande, cubridor: y yo te puse; en el santo monte de Dios estuviste; en medio de piedras de fuego has andado. Perfecto eras en todos tus caminos desde el día que fuiste criado, hasta que se halló en ti maldad. (Ezequiel 28:12-15 RVA, énfasis añadido)

Mas el día del Señor vendrá como ladrón en la noche; en el cual los cielos pasarán con grande estruendo, y los elementos ardiendo serán deshechos, y la tierra y las obras que en ella están serán quemadas. Pues como todas estas cosas han de ser deshechas, ¿qué tales conviene que vosotros seáis en santas y pías conversaciones, esperando y apresurándoos para la venida del día de Dios, en el cual los cielos siendo encendidos serán deshechos, y los elementos siendo abrasados, se fundirán? Bien que esperamos cielos nuevos y tierra nueva, según sus promesas, en los cuales mora la justicia. (2 Pedro 3:10-13 RVA)

Capítulo 10

Basado en Isaías 14:12-21; Ezequiel 28:1-19.

¿Por qué Permitió Dios el Pecado?

El Origen del Mal

P ara muchos el origen del pecado y el por qué de su existencia es causa de gran perplejidad. Ven la obra del mal con sus terribles resultados de dolor y desolación, y se preguntan cómo puede existir todo eso bajo la soberanía de Aquel cuya sabiduría, poder y amor son infinitos. Es esto un misterio que no pueden explicarse. Y su incertidumbre y sus dudas los dejan ciegos ante las verdades plenamente reveladas en la Palabra de Dios y esenciales para la salvación. Hay quienes, en sus investigaciones acerca de la existencia del pecado, tratan de inquirir lo que Dios nunca reveló; de aquí que no encuentren solución a sus dificultades; y los que son dominados por una disposición a la duda y a la cavilación lo aducen como disculpa para rechazar las palabras de la Santa Escritura. Otros, sin embargo, no se pueden dar cuenta satisfactoria del gran problema del mal, debido a la circunstancia de que la tradición y las falsas interpretaciones han obscurecido las enseñanzas de la Biblia referentes al carácter de Dios, la naturaleza de su gobierno y los principios de su actitud hacia el pecado.

El Pecado, un Intruso

Es imposible explicar el origen del pecado y dar razón de su existencia. Sin embargo, se puede comprender suficientemente lo que atañe al origen y a la disposición final del pecado, para hacer enteramente manifiesta la justicia y benevolencia de Dios en su modo de proceder contra todo mal. Nada se enseña con mayor claridad en las Sagradas Escrituras que el hecho de que Dios no fue en nada responsable de la introducción del pecado en el mundo, y de que no hubo retención arbitraria de la gracia de Dios, ni error alguno en el gobierno divino que dieran lugar a la rebelión. El pecado es un intruso, y no hay razón que pueda explicar su presencia. Es algo misterioso e inexplicable; excusarlo equivaldría a defenderlo. Si se pudiera encontrar alguna excusa en su favor o señalar la causa de su existencia, dejaría de ser pecado. La única definición del pecado es la que da la Palabra de Dios: "El pecado es transgresión de la ley;" es la manifestación exterior de un principio en pugna con la gran ley de amor que es el fundamento del gobierno divino.

> *El pecado es un intruso, y no hay razón que pueda explicar su presencia.*

Antes de la aparición del pecado había paz y gozo en todo el universo. Todo guardaba perfecta armonía con la voluntad del Creador. El amor a Dios estaba por encima de todo, y el amor de unos a otros era imparcial. Cristo el Verbo, el Unigénito de Dios, era uno con el Padre Eterno: uno en naturaleza, en carácter y en designios; era el único ser en todo el universo que podía entrar en todos los consejos y designios de Dios. Fue por intermedio de Cristo por quien el Padre efectuó la creación de todos los seres celestiales. "Por él fueron creadas todas las cosas, en los cielos, … ora sean tronos, o dominios, o principados, o poderes" (Colosenses 1:16, V.M.); y todo el cielo rendía homenaje tanto a Cristo como al Padre.

Como la ley de amor era el fundamento del gobierno de Dios, la dicha de todos los seres creados dependía de su perfecta armonía con los grandes principios de justicia. Dios quiere que todas sus criaturas le rindan un servicio de amor y un homenaje que provenga de la apreciación inteligente de su carácter. No le agrada la sumisión forzosa, y da a todos libertad para que le sirvan voluntariamente.

La Discordia de Lucifer

Pero hubo un ser que prefirió pervertir esta libertad. El pecado nació en aquel que, después de Cristo, había sido el más honrado por Dios y el más exaltado en honor y en gloria entre los habitantes del cielo. Antes de su caída, Lucifer era el primero de los querubines que cubrían el propiciatorio santo y sin mácula. "Así dice Jehová el Señor: ¡Tú eres el sello de perfección, lleno de sabiduría, y consumado en hermosura! En el Edén, jardín de Dios, estabas; de toda piedra preciosa era tu vestidura." "Eras el querubín ungido que cubrías con tus alas; yo te constituí para esto; en el santo monte de Dios estabas, en medio de las piedras de fuego te paseabas. Perfecto eras en tus caminos desde el día en que fuiste creado, hasta que la iniquidad fue hallada en ti." (Ezequiel 28:12-15, V.M.)

Lucifer habría podido seguir gozando del favor de Dios, amado y honrado por toda la hueste angélica, empleando sus nobles facultades para beneficiar a los demás y para glorificar a su Hacedor. Pero el profeta dice: "Se te ha engreído el corazón a causa de tu hermosura; has corrompido tu sabiduría con motivo de tu esplendor." (Vers.17.) Poco a poco, Lucifer se abandonó al deseo de la propia exaltación. "Has puesto tu corazón como corazón de Dios." "Tú … que dijiste: … ¡Al cielo subiré; sobre las estrellas de Dios ensalzaré mi trono, me sentaré en el Monte de Asamblea; me remontaré sobre las alturas de las nubes; seré semejante al Altísimo!" (Ezequiel 28:6; Isaías 14:13, 14, V.M.) En lugar de procurar que Dios fuese objeto principal de los afectos y de la obediencia de sus criaturas, Lucifer se esforzó por granjearse el servicio y el homenaje de ellas. Y, codiciando los honores que el Padre Infinito había concedido a su Hijo, este príncipe de los ángeles aspiraba a un poder que sólo Cristo tenia derecho a ejercer.

> *Poco a poco, Lucifer se abandonó al deseo de la propia exaltación.*

El cielo entero se había regocijado en reflejar la gloria del Creador y entonar sus alabanzas. Y en tanto que Dios era así honrado, todo era paz y dicha. Pero una nota discordante vino a romper las armonías celestiales. El amor y la exaltación de sí mismo, contrarios al plan del Creador, despertaron presentimientos del mal en las mentes de aquellos entre quienes la gloria de Dios lo superaba todo. Los consejos celestiales alegaron con Lucifer. El Hijo de Dios le hizo presentes la grandeza, la bondad y la justicia del Creador, y la naturaleza sagrada e inmutable de su ley. Dios mismo había establecido el orden del cielo, y Lucifer al apartarse de él, iba a deshonrar a su Creador y a atraer la ruina sobre sí mismo. Pero la amonestación dada con un espíritu de amor y misericordia infinitos, sólo despertó espíritu de resistencia. Lucifer dejó prevalecer sus celos y su rivalidad con Cristo, y se volvió aún más obstinado.

El orgullo de su propia gloria le hizo desear la supremacía. Lucifer no apreció como don de su Creador los altos honores que Dios le había conferido, y no sintió gratitud alguna. Se glorificaba de su belleza y elevación, y aspiraba a ser igual a Dios. Era amado y reverenciado por la hueste celestial. Los ángeles se deleitaban en ejecutar sus órdenes, y estaba revestido de sabiduría y gloria sobre todos ellos. Sin embargo, el Hijo de Dios era el Soberano reconocido del cielo, y gozaba de la misma autoridad y poder que el Padre. Cristo tomaba parte en todos los consejos de Dios, mientras que a Lucifer no le era permitido entrar así en los designios divinos. Y este ángel poderoso se preguntaba por qué había de tener Cristo la supremacía y recibir más honra que él mismo.

Abandonando el lugar, que ocupaba en la presencia inmediata del Padre, Lucifer salió a difundir el espíritu de descontento entre los ángeles. Obrando con misteriosos sigilo y encubriendo durante algún tiempo sus verdaderos fines bajo una apariencia de respeto hacia Dios, se esforzó en despertar el descontento respecto a las leyes que gobernaban a los seres divinos, insinuando que ellas imponían restricciones innecesarias. Insistía en que siendo dotados de una naturaleza santa, los ángeles debían obedecer los dictados de su propia voluntad. Procuró ganarse la simpatía de ellos haciéndoles creer que Dios había obrado injustamente con él, concediendo a Cristo honor supremo. Dio a entender que al aspirar a mayor poder y honor, no trataba de exaltarse a sí mismo sino de asegurar libertad para todos los habitantes del cielo, a fin de que pudiesen así alcanzar a un nivel superior de existencia.

La Misericordia y Magnanimidad de Dios

En su gran misericordia, Dios soportó por largo tiempo a Lucifer. Este no fue expulsado inmediatamente de su elevado puesto, cuando se dejó arrastrar por primera vez por el espíritu de descontento, ni tampoco cuando empezó a presentar sus falsos asertos a los ángeles leales. Fue retenido aún por mucho tiempo en el cielo. Varias y repetidas veces se le ofreció el perdón con tal de que se arrepintiese y se sometiese. Para convencerle de su error se hicieron esfuerzos de que sólo el amor y la sabiduría infinitos eran capaces. Hasta entonces no se había conocido el espíritu de descontento en el cielo. El mismo Lucifer no veía en un principio hasta dónde le llevaría este espíritu; no comprendía la verdadera naturaleza de sus sentimientos. Pero cuando se demostró que su descontento no tenía motivo, Lucifer se convenció de que

En su gran misericordia, Dios soportó por largo tiempo a Lucifer.

no tenía razón, que lo que Dios pedía era justo, y que debía reconocerlo ante todo el cielo. De haberlo hecho así, se habría salvado a sí mismo y a muchos ángeles. En ese entonces no había él negado aún toda obediencia a Dios. Aunque había abandonado su puesto de querubín cubridor, habría sido no obstante restablecido en su oficio si, reconociendo la sabiduría del Creador, hubiese estado dispuesto a volver a Dios y si se hubiese contentado con ocupar el lugar que le correspondía en el plan de Dios. Pero el orgullo le impidió someterse. Se empeñó en defender su proceder insistiendo en que no necesitaba arrepentirse, y se entregó de lleno al gran conflicto con su Hacedor.

Desde entonces dedicó todo el poder de su gran inteligencia a la tarea de engañar, para asegurarse la simpatía de los ángeles que habían estado bajo sus órdenes. Hasta el hecho de que Cristo le había prevenido y aconsejado fue desnaturalizado para servir a sus pérfidos designios. A los que estaban más estrechamente ligados a él por el amor y la confianza, Satanás les hizo creer que había sido mal juzgado, que no se había respetado su posición y que se le quería coartar la libertad. Después de haber así desnaturalizado las palabras de Cristo, pasó a prevaricar y a mentir descaradamente, acusando al Hijo de Dios de querer humillarlo ante los habitantes del cielo. Además trató de crear una situación falsa entre sí mismo y los ángeles aún leales. Todos aquellos a quienes no pudo sobornar y atraer completamente a su lado, los acusó de indiferencia respecto a los intereses de los seres celestiales. Acusó a los que permanecían fieles a Dios, de aquello mismo que estaba haciendo. Y para sostener contra Dios la acusación de injusticia para con él, recurrió a una falsa presentación de las palabras y de los actos del Creador. Su política consistía en confundir a los ángeles con argumentos sutiles acerca de los designios de Dios. Todo lo sencillo lo envolvía en misterio, y valiéndose de artera perversión, hacía nacer dudas respecto a las declaraciones más terminantes de Jehová. Su posición elevada y su estrecha relación con la administración divina, daban mayor fuerza a sus representaciones, y muchos ángeles fueron inducidos a unirse con él en su rebelión contra la autoridad celestial.

> *Después de haber así desnaturalizado las palabras de Cristo, pasó a prevaricar y a mentir descaradamente, acusando al Hijo de Dios de querer humillarlo ante los habitantes del cielo.*

Dios permitió en su sabiduría que Satanás prosiguiese su obra hasta que el espíritu de desafecto se convirtiese en activa rebeldía. Era necesario que sus planes se desarrollaran por completo para que su naturaleza y sus tendencias quedaran a la vista de todos. Lucifer, como querubín ungido, había sido grandemente exaltado; era muy amado de los seres celestiales y ejercía poderosa influencia sobre ellos. El gobierno de Dios no incluía sólo a los habitantes del cielo sino también a los de todos los mundos que él había creado; y Satanás pensó que si podía arrastrar a los ángeles del cielo en su rebeldía, podría también arrastrar a los habitantes de los demás mundos. Había presentado arteramente su manera de ver la cuestión, valiéndose de sofismas y fraude para conseguir sus fines. Tenía gran poder para engañar, y al usar su disfraz de mentira había obtenido una ventaja. Ni aun los ángeles leales podían discernir plenamente su carácter ni ver adónde conducía su obra.

Satanás había sido tan altamente honrado, y todos sus actos estaban tan revestidos de misterio, que era difícil revelaron los ángeles la verdadera naturaleza de su obra. Antes de su completo desarrollo, el pecado no podía aparecer como el mal que era en realidad. Hasta entonces no había existido en el universo de Dios, y los seres santos no tenían idea de su naturaleza y malignidad. No podían ni entrever las terribles consecuencias que resultarían de poner a un lado la ley de Dios. Al principio, Satanás había ocultado su obra bajo una astuta profesión de lealtad para con Dios. Aseveraba que se desvelaba por honrar a Dios, afianzar su gobierno y asegurar el bien de todos los habitantes del cielo. Mientras difundía el descontento entre los ángeles que estaban bajo sus órdenes, aparentaba hacer cuanto le era posible porque desapareciera ese mismo descontento. Sostenía que los cambios que reclamaba en el orden y en las leyes del gobierno de Dios eran necesarios para conservar la armonía en el cielo.

> *Antes de su completo desarrollo, el pecado no podía aparecer como el mal que era en realidad.*

Con el Tiempo el Pecado se Revela a Si Mismo

En su actitud para con el pecado, Dios no podía sino obrar con justicia y verdad. Satanás podía hacer uso de armas de las cuales Dios no podía valerse: la lisonja y el engaño. Satanás había tratado de falsificar la Palabra de Dios y había representado de un modo falso su plan de gobierno ante los ángeles, sosteniendo que Dios no era justo al imponer leyes y reglas a los habitantes del cielo; que al exigir de sus criaturas sumisión y obediencia, sólo estaba buscando su propia gloria. Por eso debía ser puesto de manifiesto ante los habitantes del cielo y ante los de todos los mundos, que el gobierno de Dios era justo y su ley perfecta. Satanás había dado a entender que él mismo trataba de promover el bien del universo. Todos debían llegar a comprender el verdadero carácter del usurpador y el propósito que le animaba. Había que dejarle tiempo para que se diera a conocer por sus actos de maldad.

Satanás achacaba a la ley y al gobierno de Dios la discordia que su propia conducta había introducido en el cielo. Declaraba que todo el mal provenía de la administración divina. Aseveraba que lo que él mismo quería era perfeccionar los estatutos de Jehová. Era pues necesario que diera a conocer la naturaleza de sus pretensiones y los resultados de los cambios que él proponía introducirían la ley divina. Su propia obra debía condenarle. Satanás había declarado desde un principio que no estaba en rebelión. El universo entero debía ver al seductor desenmascarado.

Aun cuando quedó resuelto que Satanás no podría permanecer por más tiempo en el cielo, la Sabiduría Infinita no le destruyó. En vista de que sólo un servicio de amor puede ser aceptable a Dios, la sumisión de sus criaturas debe proceder de una convicción de su justicia y benevolencia. Los habitantes del cielo y de los demás mundos, no estando preparados para comprender la naturaleza ni las consecuencias del pecado, no podrían haber reconocido la justicia y misericordia de Dios en la destrucción de Satanás. De haber sido éste aniquilado inmediatamente, aquéllos habrían servido a Dios por miedo más bien que por amor. La influencia del seductor no habría quedado destruida del todo, ni el espíritu de rebelión habría sido extirpado por completo. Para bien del universo entero a través de las edades sin fin, era preciso dejar que el mal llegase a su madurez, y que Satanás desarrollase más completamente sus principios, a fin de que todos los seres creados reconociesen el verdadero carácter de los cargos que arrojara él contra el gobierno divino y a fin de que quedaran para siempre incontrovertibles la justicia y la misericordia de Dios, así como el carácter inmutable de su ley.

> *Para bien del universo entero a través de las edades sin fin, era preciso dejar que el mal llegase a su madurez.*

La rebeldía de Satanás, cual testimonio perpetuo de la naturaleza y de los resultados terribles del pecado, debía servir de lección al universo en todo el curso de las edades futuras. La obra del gobierno de Satanás, sus efectos sobre los hombres y los ángeles, harían patentes los resultados del desprecio de la autoridad divina. Demostrarían que de la existencia del gobierno de Dios y de su ley depende el bienestar de todas las criaturas que él ha formado. De este modo la historia del terrible experimento de la rebeldía, sería para todos los seres santos una salvaguardia eterna destinada a precaverlos contra todo engaño respecto a la índole de la transgresión, y a guardarlos de cometer pecado y de sufrir el castigo consiguiente.

Lucifer y Su Actitud de Auto-justificación

El gran usurpador siguió justificándose hasta el fin mismo de la controversia en el cielo. Cuando se dio a saber que, con todos sus secuaces, iba a ser expulsado de las moradas de la dicha, el jefe rebelde declaró audazmente su desprecio de la ley del Creador. Reiteró su aserto de que los ángeles no necesitaban sujeción, sino que debía dejárseles seguir su propia voluntad, que los dirigiría siempre bien. Denunció los estatutos divinos como restricción de su libertad y declaró que el objeto que él perseguía era asegurar la abolición de la ley para que, libres de esta traba, las huestes del cielo pudiesen alcanzar un grado de existencia más elevado y glorioso.

El mismo espíritu que fomentara la rebelión en el cielo continúa inspirándola en la tierra.

De común acuerdo Satanás y su hueste culparon a Cristo de su rebelión, declarando que si no hubiesen sido censurados, no se habrían rebelado. Así obstinados y arrogantes en su deslealtad, vanamente empeñados en trastornar el gobierno de Dios, al mismo tiempo que en son de blasfemia decían ser ellos mismos víctimas inocentes de un poder opresivo, el gran rebelde y todos sus secuaces fueron al fin echados del cielo.

El mismo espíritu que fomentara la rebelión en el cielo continúa inspirándola en la tierra. Satanás ha seguido con los hombres la misma política que siguiera con los ángeles. Su espíritu impera ahora en los hijos de desobediencia. Como él, tratan éstos de romper el freno de la ley de Dios, y prometen a los hombres la libertad mediante la transgresión de los preceptos de aquélla. La represión del pecado despierta aún el espíritu de odio y resistencia. Cuando los mensajeros que Dios envía para amonestar tocan a la conciencia, Satanás induce a los hombres a que se justifiquen y a que busquen la simpatía de otros en su camino de pecado. En lugar de enmendar sus errores, despiertan la indignación contra el que los reprende, como si éste fuera la única causa de la dificultad. Desde los días del justo Abel hasta los nuestros, tal ha sido el espíritu que se ha manifestado contra quienes osaron condenar el pecado.

Mediante la misma falsa representación del carácter de Dios que empleó en el cielo, para hacerle parecer severo y tiránico, Satanás indujo al hombre a pecar. Y logrado esto, declaró que las restricciones injustas de Dios habían sido causa de la caída del hombre, como lo habían sido de su propia rebeldía.

Pero el mismo Dios eterno da a conocer así su carácter: "¡Jehová, Jehová, Dios compasivo y clemente, lento en iras y grande en misericordia y en fidelidad: que usa de misericordia hasta la milésima generación; que perdona la iniquidad, la transgresión y el pecado, pero que de ningún modo tendrá por inocente al rebelde!" (Éxodo 34:6, 7, V.M.)

> *El carácter de Dios se pone de manifiesto en el sacrificio expiatorio de Cristo. El poderoso argumento de la cruz demuestra a todo el universo que el gobierno de Dios no era de ninguna manera responsable del camino de pecado que Lucifer había escogido.*

Al echar a Satanás del cielo, Dios hizo patente su justicia y mantuvo el honor de su trono. Pero cuando el hombre pecó cediendo a las seducciones del espíritu apóstata, Dios dio una prueba de su amor, consintiendo en que su Hijo unigénito muriese por la raza caída. El carácter de Dios se pone de manifiesto en el sacrificio expiatorio de Cristo. El poderoso argumento de la cruz demuestra a todo el universo que el gobierno de Dios no era de ninguna manera responsable del camino de pecado que Lucifer había escogido.

El Gran Conflicto

El carácter del gran engañador se mostró tal cual era en la lucha entre Cristo y Satanás, durante el ministerio terrenal del Salvador. Nada habría podido desarraigar tan completamente las simpatías que los ángeles celestiales y todo el universo leal pudieran sentir hacia Satanás, como su guerra cruel contra el Redentor del mundo. Su petición atrevida y blasfema de que Cristo le rindiese homenaje, su orgullosa presunción que le hizo transportarlo a la cúspide del monte y a las almenas del templo, la intención malévola que mostró al instarle a que se arrojara de aquella vertiginosa altura, la inquina implacable con la cual persiguió al Salvador por todas partes, e inspiró a los corazones de los sacerdotes y del pueblo a que rechazaran su amor y a que gritaran al fin: "¡Crucifícale! ¡crucifícale!"—todo esto, despertó el asombro y la indignación del universo.

> *Los fuegos concentrados de la envidia y de la malicia, del odio y de la venganza, estallaron en el Calvario contra el Hijo de Dios.*

Fue Satanás el que impulsó al mundo a rechazar a Cristo. El príncipe del mal hizo cuanto pudo y empleó toda su astucia para matar a Jesús, pues vio que la misericordia y el amor del Salvador, su compasión y su tierna piedad estaban representando ante el mundo el carácter de Dios. Satanás disputó todos los asertos del Hijo de Dios, y empleó a los hombres como agentes suyos para llenar la vida del Salvador de sufrimientos y penas. Los sofismas y las mentiras por medio de los cuales procuró obstaculizar la obra de Jesús, el odio manifestado por los hijos de rebelión, sus acusaciones crueles contra Aquel cuya vida se rigió por una bondad sin precedente, todo ello provenía de un sentimiento de venganza profundamente arraigado. Los fuegos concentrados de la envidia y de la malicia, del odio y de la venganza, estallaron en el Calvario contra el Hijo de Dios, mientras el cielo miraba con silencioso horror.

Consumado ya el gran sacrificio, Cristo subió al cielo, rehusando la adoración de los ángeles, mientras no hubiese presentado la petición: "Padre, aquellos que me has dado, quiero que donde yo estoy, ellos estén también conmigo." (S. Juan 17:24.) Entonces, con amor y poder indecibles, el Padre respondió desde su trono: "Adórenle todos los ángeles de Dios." (Hebreos 1:6.) No había ni una mancha en Jesús. Acabada su humillación, cumplido su sacrificio, le fue dado un nombre que está por encima de todo otro nombre.

Entonces fue cuando la culpabilidad de Satanás se destacó en toda su desnudez. Había dado a conocer su verdadero carácter de mentiroso y asesino. Se echó de ver que el mismo espíritu con el cual él gobernaba a los hijos de los hombres que estaban bajo su poder, lo habría manifestado en el cielo si hubiese podido gobernar a los habitantes de éste. Había aseverado que la transgresión de la ley de Dios traería consigo libertad y ensalzamiento; pero lo que trajo en realidad fue servidumbre y degradación.

Los falsos cargos de Satanás contra el carácter del gobierno divino aparecieron en su verdadera luz. Él había acusado a Dios de buscar tan sólo su propia exaltación con las exigencias de sumisión y obediencia por parte de sus criaturas, y había declarado que mientras el Creador exigía que todos se negasen a sí mismos él mismo no practicaba la abnegación ni hacia sacrificio alguno. Entonces se vio que para salvar una raza caída y pecadora, el Legislador del universo había hecho el mayor sacrificio que el amor pudiera inspirar, pues "Dios estaba en Cristo reconciliando el mundo a sí." (2 Corintios 5:19.) Vióse además que mientras Lucifer había abierto la puerta al pecado debido a su sed de honores y supremacía, Cristo, para destruir el pecado, se había humillado y hecho obediente hasta la muerte.

Dios había manifestado cuánto aborrece los principios de rebelión. Todo el cielo vio su justicia revelada, tanto en la condenación de Satanás como en la redención del hombre. Lucifer había declarado que si la ley de Dios era inmutable y su penalidad irremisible, todo transgresor debía ser excluído para siempre de la gracia del Creador. El había sostenido que la raza pecaminosa se encontraba fuera del alcance de la redención y era por consiguiente presa legítima suya. Pero la muerte de Cristo fue un argumento irrefutable en favor del hombre. La penalidad de la ley caía sobre él que era igual a Dios, y el hombre quedaba libre de aceptar la justicia de Dios y de triunfar del poder de Satanás mediante una vida de arrepentimiento y humillación, como el Hijo de Dios había triunfado. Así Dios es justo, al mismo tiempo que justifica a todos los que creen en Jesús.

Pero no fue tan sólo para realizar la redención del hombre para lo que Cristo vino a la tierra a sufrir y morir. Vino para engrandecer la ley y hacerla honorable. Ni fue tan sólo para que los habitantes de este mundo respetasen la ley cual debía ser respetada, sino también para demostrar a todos los mundos del universo que la ley de Dios es inmutable. Si las exigencias de ella hubiesen podido descartarse, el Hijo de Dios no habría necesitado dar su vida para expiar la transgresión de ella. La muerte de Cristo prueba que la ley es inmutable. Y el sacrificio al cual el amor infinito impelió al Padre y al Hijo a fin de que los pecadores pudiesen ser redimidos, demuestra a todo el universo—y nada que fuese inferior a este plan habría bastado para demostrarlo—que la justicia y la misericordia son el fundamento de la ley y del gobierno de Dios.

¿Cómo Terminará Todo?

En la ejecución final del juicio se verá que no existe causa para el pecado. Cuando el Juez de toda la tierra pregunte a Satanás: "¿Por qué te rebelaste contra mí y arrebataste súbditos de mi reino?" el autor del mal no podrá ofrecer excusa alguna. Toda boca permanecerá cerrada, todas las huestes rebeldes quedarán mudas.

Mientras la cruz del Calvario proclama el carácter inmutable de la ley, declara al universo que la paga del pecado es muerte. El grito agonizante del Salvador: "Consumado es," fue el toque de agonía para Satanás. Fue entonces cuando quedó zanjado el gran conflicto que había durado tanto tiempo y asegurada la extirpación final del mal. El Hijo de Dios atravesó los umbrales de la tumba, "para destruir por la muerte al que tenía el imperio de la muerte, es a saber, al diablo." (Hebreos 2:14.) El deseo que Lucifer tenía de exaltarse a si mismo le había hecho decir: "¡Sobre las estrellas de Dios ensalzaré mi trono, ... seré semejante al Altísimo!" Dios declara: "Te torno en ceniza sobre la tierra, ... y no existirás más para siempre." (Isaías 14:13, 14; Ezequiel 28:18, 19, V.M.) Eso será cuando venga "el día ardiente como un horno; y todos los soberbios, y todos los que hacen maldad, serán estopa; y aquel día que vendrá, los abrasará, ha dicho Jehová de los ejércitos, el cual no les dejará ni raíz ni rama." (Malaquías 4:1.)

Todo el universo habrá visto la naturaleza y los resultados del pecado. Y su destrucción completa que en un principio hubiese atemorizado a los ángeles y deshonrado a Dios, justificará entonces el amor de Dios y establecerá su gloria ante un universo de seres que se deleitarán en hacer su voluntad, y en cuyos corazones se encontrará su ley. Nunca más se manifestará el mal. La Palabra de Dios dice: "No se levantará la aflicción segunda vez." (Nahum 1:9, V.M.) La ley de Dios que Satanás vituperó como yugo de servidumbres será honrada como ley de libertad. Después de haber pasado por tal prueba y experiencia, la creación no se desviará jamás de la sumisión a Aquel que se dio a conocer en sus obras como Dios de amor insondable y sabiduría infinita.

Capítulo 11

Basado en Apocalipsis 19 y 22.

Dios se Manifiesta a Medianoche

La Liberación del Pueblo de Dios – Primera Parte

En este capítulo y en los capítulos subsiguientes, la autora entreteje varios pasajes de las Escrituras para pintar un cuadro viviente de las escenas finales del mundo, culminando con el glorioso retorno de Cristo, la destrucción de los impíos, y la liberación del pueblo de Dios.

—*Los Editores*

Cuando los que honran la ley de Dios hayan sido privados de la protección de las leyes humanas, empezará en varios países un movimiento simultáneo para destruirlos. Conforme vaya acercándose el tiempo señalado en el decreto, el pueblo conspirará para extirpar la secta aborrecida. Se convendrá en dar una noche el golpe decisivo, que reducirá completamente al silencio la voz disidente y represora.

El pueblo de Dios—algunos en las celdas de las cárceles, otros escondidos en ignorados escondrijos de bosques y montañas—invocan aún la protección divina, mientras que por todas partes compañías de hombres armados, instigados por legiones de ángeles malos, se disponen a emprender la obra de muerte. Entonces, en la hora de supremo apuro, es cuando el Dios de Israel intervendrá para librar a sus escogidos. El Señor dice: "Vosotros tendréis canción, como en noche en que se celebra pascua; y alegría de corazón, como el que va … al monte de Jehová, al Fuerte de Israel. Y Jehová hará oír su voz potente, y hará ver el descender de su brazo, con furor de rostro, y llama de fuego consumidor; con dispersión, con avenida, y piedra de granizo." (Isaías 30:29, 30.)

Liberación a Medianoche

Multitudes de hombres perversos, profiriendo gritos de triunfo, burlas e imprecaciones, están a punto de arrojarse sobre su presa, cuando de pronto densas tinieblas, más sombrías que la obscuridad de la noche caen sobre la tierra. Luego un arco iris, que refleja la gloria del trono de Dios, se extiende de un lado a otro del cielo, y parece envolver a todos los grupos en oración. Las multitudes encolerizadas se sienten contenidas en el acto. Sus gritos de burla expiran en sus labios. Olvidan el objeto de su ira sanguinaria. Con terribles presentimientos contemplan el símbolo de la alianza divina, y ansían ser amparadas de su deslumbradora claridad.

Los hijos de Dios oyen una voz clara y melodiosa que dice: "Enderezaos," y, al levantar la vista al cielo, contemplan el arco de la promesa. Las nubes negras y amenazadoras que cubrían el firmamento se han desvanecido, y como Esteban, clavan la mirada en el cielo, y ven la gloria de Dios y al Hijo del hombre sentado en su trono. En su divina forma distinguen los rastros de su humillación, y oyen brotar de sus labios la oración dirigida a su Padre y a los santos ángeles: "Yo quiero que aquellos también que me has dado, estén conmigo en donde yo estoy." (S. Juan 17:24, V.M.) Luego se oye una voz armoniosa y triunfante, que dice: "¡Helos aquí! ¡Helos aquí! santos, inocentes e inmaculados. Guardaron la palabra de mi paciencia y andarán entre los ángeles;" y de los labios pálidos y trémulos de los que guardaron firmemente la fe, sube una aclamación de victoria.

La naturaleza entera parece trastornada. Los ríos dejan de correr. Nubes negras y pesadas se levantan y chocan unas con otras.

Es a medianoche cuando Dios manifiesta su poder para librar a su pueblo. Sale el sol en todo su esplendor. Sucédense señales y prodigios con rapidez. Los malos miran la escena con terror y asombro, mientras los justos contemplan con gozo las señales de su liberación. La naturaleza entera parece trastornada. Los ríos dejan de correr. Nubes negras y pesadas se levantan y chocan unas con otras. En medio de los cielos conmovidos hay un claro de gloria indescriptible, de donde baja la voz de Dios semejante al ruido de muchas aguas, diciendo: "Hecho es." (Apocalipsis 16:17.)

Esa misma voz sacude los cielos y la tierra. Síguese un gran terremoto, "cual no fue jamás desde que los hombres han estado sobre la tierra." (Vers. 18.) El firmamento parece abrirse y cerrarse. La gloria del trono de Dios parece cruzar la atmósfera. Los montes son movidos como una caña al soplo del viento, y las rocas quebrantadas se esparcen por todos lados. Se oye un estruendo como de cercana tempestad. El mar es azotado con furor. Se oye el silbido del huracán, como voz de demonios en misión de destrucción. Toda la tierra se alborota e hincha como las olas del mar. Su superficie se raja. Sus mismos fundamentos parecen ceder. Se hunden cordilleras. Desaparecen islas habitadas. Los puertos marítimos que se volvieron como Sodoma por su corrupción, son tragados por las enfurecidas olas. "La grande Babilonia vino en memoria delante de Dios, para darle el cáliz del vino del furor de su ira." (Vers. 19.) Pedrisco grande, cada piedra, "como del peso de un talento" (Vers. 21), hace su obra de destrucción. Las más soberbias ciudades de la tierra son arrasadas. Los palacios suntuosos en que los magnates han malgastado sus riquezas en provecho de su gloria personal, caen en ruinas ante su vista. Los muros de las cárceles se parten de arriba abajo, y son libertados los hijos de Dios que habían sido apresados por su fe.

Los sepulcros se abren y "muchos de los que duermen en el polvo de la tierra serán despertados, unos para vida eterna, y otros para vergüenza y confusión perpetua." (Daniel 12:2.) Todos los que murieron en la fe del mensaje del tercer ángel, salen glorificados de la tumba, para oír el pacto de paz que Dios hace con los que guardaron su ley. "Los que le traspasaron" (Apocalipsis 1:7), los que se mofaron y se rieron de la agonía de Cristo y los enemigos más acérrimos de su verdad y de su pueblo, son resucitados para mirarle en su gloria y para ver el honor con que serán recompensados los fieles y obedientes.

Densas nubes cubren aún el firmamento; sin embargo el sol se abre paso de vez en cuando, como si fuese el ojo vengador de Jehová. Fieros relámpagos rasgan el cielo con fragor, envolviendo a la tierra en claridad de llamaradas. Por encima del ruido aterrador de los truenos, se oyen voces misteriosas y terribles que anuncian la condenación de los impíos. No todos entienden las palabras pronunciadas; pero los falsos maestros las comprenden perfectamente. Los que poco antes eran tan temerarios, jactanciosos y provocativos, y que tanto se regocijaban al ensañarse en el pueblo de Dios observador de sus mandamientos, se sienten presa de consternación y tiemblan de terror. Sus llantos dominan el ruido de los elementos. Los demonios confiesan la divinidad de Cristo y tiemblan ante su poder, mientras que los hombres claman por misericordia y se revuelcan en terror abyecto.

Al considerar el día de Dios en santa visión, los antiguos profetas exclamaron: "Aullad, porque cerca está el día de Jehová; vendrá como asolamiento del Todopoderoso." "Métete en la piedra, escóndete en el polvo, de la presencia espantosa de Jehová y del resplandor de su majestad. La altivez de los ojos del hombre será abatida, y la soberbia de los hombres será humillada; y Jehová solo será ensalzado en aquel día. Porque día de Jehová de los ejércitos vendrá sobre todo soberbio y altivo, y sobre todo ensalzado; y será abatido." "Aquel día arrojará el hombre, a los topos y murciélagos, sus ídolos de plata y sus ídolos de oro, que le hicieron para que adorase; y se entrarán en las hendiduras de las rocas y en las cavernas de las peñas, por la presencia formidable de Jehová, y por el resplandor de su majestad, cuando se levantare para herir la tierra." (Isaías 13:6; 2:10-12; 2:20, 21.).

La Ley Sagrada: la Norma del Juicio

Por un desgarrón de las nubes una estrella arroja rayos de luz cuyo brillo queda cuadruplicado por el contraste con la obscuridad. Significa esperanza y júbilo para los fieles, pero severidad para los transgresores de la ley de Dios. Los que todo lo sacrificaron por Cristo están entonces seguros, como escondidos en los pliegues del pabellón de Dios. Fueron probados, y ante el mundo y los despreciadores de la verdad demostraron su fidelidad a Aquel que murió por ellos. Un cambio maravilloso se ha realizado en aquellos que conservaron su integridad ante la misma muerte. Han sido librados como por ensalmo de la sombría y terrible tiranía de los hombres vueltos demonios. Sus semblantes, poco antes tan pálidos, tan llenos de ansiedad y tan macilentos, brillan ahora de admiración, fe y amor. Sus voces se elevan en canto triunfal: "Dios es

Dios es nuestro refugio y fortaleza.

nuestro refugio y fortaleza; socorro muy bien experimentado en las angustias. Por tanto no temeremos aunque la tierra sea conmovida, y aunque las montañas se trasladen al centro de los mares; aunque bramen y se turben sus aguas, aunque tiemblen las montañas a causa de su bravura." (Salmo 46:1-3, V.M.)

Mientras estas palabras de santa confianza se elevan hacia Dios, las nubes se retiran, y el cielo estrellado brilla con esplendor indescriptible en contraste con el firmamento negro y severo en ambos lados. La magnificencia de la ciudad celestial rebosa por las puertas entreabiertas. Entonces aparece en el cielo una mano que sostiene dos tablas de piedra puestas una sobre otra. El profeta dice: "Denunciarán los cielos su justicia; porque Dios es el juez." (Salmo 50:6.) Esta ley santa, justicia de Dios, que entre truenos y llamas fue proclamada desde el Sinaí como guía de la vida, se revela ahora a los hombres como norma del juicio. La mano abre las tablas en las cuales se ven los preceptos del Decálogo inscritos como con letras de fuego. Las palabras son tan distintas que todos pueden leerlas. La memoria se despierta, las tinieblas de la superstición y de la herejía desaparecen de todos los espíritus, y las diez palabras de Dios, breves, inteligibles y llenas de autoridad, se presentan a la vista de todos los habitantes de la tierra.

Es imposible describir el horror y la desesperación de aquellos que pisotearon los santos preceptos de Dios. El Señor les había dado su ley con la cual hubieran podido comparar su carácter y ver sus defectos mientras que había aún oportunidad para arrepentirse y reformarse; pero con el afán de asegurarse el favor del mundo, pusieron a un lado los preceptos de la ley y enseñaron a otros a transgredirlos. Se empeñaron en obligar al pueblo de Dios a que profanase su sábado. Ahora los condena aquella misma ley que despreciaran. Ya echan de ver que no tienen disculpa. Eligieron a quién querían servir y adorar. "Entonces vosotros volveréis, y echaréis de ver la diferencia que hay entre el justo y el injusto; entre aquel que sirve a Dios, y aquel que no le sirve." (Malaquías 3:18, V.M.)

Los enemigos de la ley de Dios, desde los ministros hasta el más insignificante entre ellos, adquieren un nuevo concepto de lo que es la verdad y el deber. Reconocen demasiado tarde que el día de reposo del cuarto mandamiento es el sello del Dios vivo. Ven demasiado tarde la verdadera naturaleza de su falso día de reposo y el fundamento arenoso sobre el cual construyeron. Se dan cuenta de que han estado luchando contra Dios. Los maestros de la religión condujeron las almas a la perdición mientras profesaban guiarlas hacia las puertas del paraíso. No se sabrá antes del día del juicio final cuán grande es la responsabilidad de los que desempeñan un cargo sagrado, y cuán terribles son los resultados de su infidelidad. Sólo en la eternidad podrá apreciarse debidamente la pérdida de una sola alma. Terrible será la suerte de aquel a quien Dios diga: Apártate, mal servidor.

> *No se sabrá antes del día del juicio final cuán grande es la responsabilidad de los que desempeñan un cargo sagrado, y cuán terribles son los resultados de su infidelidad.*

Desde el cielo se oye la voz de Dios que proclama el día y la hora de la venida de Jesús, y promulga a su pueblo el pacto eterno. Sus palabras resuenan por la tierra como el estruendo de los más estrepitosos truenos. El Israel de Dios escucha con los ojos elevados al cielo. Sus semblantes se iluminan con la gloria divina y brillan cual brillara el rostro de Moisés cuando bajó del Sinaí. Los malos no los pueden mirar. Y cuando la bendición es pronunciada sobre los que honraron a Dios santificando su sábado, se oye un inmenso grito de victoria.

Desciende el Rey de Reyes

Pronto aparece en el este una pequeña nube negra, de un tamaño como la mitad de la palma de la mano. Es la nube que envuelve al Salvador y que a la distancia parece rodeada de obscuridad. El pueblo de Dios sabe que es la señal del Hijo del hombre. En silencio solemne la contemplan mientras va acercándose a la tierra, volviéndose más luminosa y más gloriosa hasta convertirse en una gran nube blanca, cuya base es como fuego consumidor, y sobre ella el arco iris del pacto. Jesús marcha al frente como un gran conquistador. Ya no es "varón de dolores," que haya de beber el amargo cáliz de la ignominia y de la maldición; victorioso en el cielo y en la tierra, viene a juzgar a vivos y muertos. "Fiel y veraz," "en justicia juzga y hace guerra." "Y los ejércitos que están en el cielo le seguían." (Apocalipsis 19:11, 14, V.M.) Con cantos celestiales los santos ángeles, en inmensa e Innumerable muchedumbre, le acompañan en el descenso. El firmamento parece lleno de formas radiantes,—"millones de millones, y millares de millares." Ninguna pluma humana puede describir la escena, ni mente mortal alguna es capaz de concebir su esplendor. "Su gloria cubre los cielos, y la tierra se llena de su alabanza. También su resplandor es como el fuego." (Habacuc 3:3, 4, V.M.) A medida que va acercándose la nube viviente, todos los ojos ven al Príncipe de la

> *Ninguna pluma humana puede describir la escena, ni mente mortal alguna es capaz de concebir su esplendor.*

vida. Ninguna corona de espinas hiere ya sus sagradas sienes, ceñidas ahora por gloriosa diadema. Su rostro brilla más que la luz deslumbradora del sol de mediodía. "Y en su vestidura y en su muslo tiene escrito este nombre: Rey de reyes y Señor de señores." (Apocalipsis 19:16.)

Ante su presencia, "hanse tornado pálidos todos los rostros;" el terror de la desesperación eterna se apodera de los que han rechazado la misericordia de Dios. "Se deslíe el corazón, y se baten las rodillas, … y palidece el rostro de todos." (Jeremías 30:6; Nahum 2:10, V.M.) Los justos gritan temblando: "¿Quién podrá estar firme?" Termina el canto de los ángeles, y sigue un momento de silencio aterrador. Entonces se oye la voz de Jesús, que dice: "¡Bástaos mi gracia!" Los rostros de los justos se iluminan y el corazón de todos se llena de gozo. Y los ángeles entonan una melodía más elevada, y vuelven a cantar al acercarse aún más a la tierra.

El Rey de reyes desciende en la nube, envuelto en llamas de fuego. El cielo se recoge como un libro que se enrolla, la tierra tiembla ante su presencia, y todo monte y toda isla se mueven de sus lugares. "Vendrá nuestro Dios, y no callará: fuego consumirá delante de el, y en derredor suyo habrá tempestad grande. Convocará a los cielos de arriba, y a la tierra, para juzgar a su pueblo." (Salmo 50:3, 4.)

Y los reyes de la tierra y los príncipes, y los ricos, y los capitanes, y los fuertes, y todo siervo y todo libre, se escondieron en las cuevas y entre las peñas de los montes; y decían a los montes y a las peñas: Caed sobre nosotros, y escondednos de la cara de aquel que está sentado sobre el trono, y de la ira del Cordero: porque el gran día de su ira es venido; ¿y quién podrá estar firme?" (Apocalipsis 6:15-17.)

Cesaron las burlas. Callan los labios mentirosos. El choque de las armas y el tumulto de la batalla, "con revolcamiento de vestidura en sangre" (Isaías 9:5), han concluido. Sólo se oyen ahora voces de oración, llanto y lamentación. De las bocas que se mofaban poco antes, estalla el grito: "El gran día de su ira es venido; ¿y quién podrá estar firme?" Los impíos piden ser sepultados bajo las rocas de las montañas, antes que ver la cara de Aquel a quien han despreciado y rechazado.

Conocen esa voz que penetra hasta el oído de los muertos. ¡Cuántas veces sus tiernas y quejumbrosas modulaciones no los han llamado al arrepentimiento! ¡Cuántas veces no ha sido oída en las conmovedoras exhortaciones de un amigo, de un hermano, de un Redentor! Para los que rechazaron su gracia, ninguna otra podría estar tan llena de condenación ni tan cargada de acusaciones, como esta voz que tan a menudo exhortó con estas palabras: "Volveos, volveos de vuestros caminos malos, pues ¿por qué moriréis?" (Ezequiel 33:11, V.M.) ¡Oh, si sólo fuera para ellos la voz de un extraño! Jesús dice: "Por cuanto llamé, y no quisisteis; extendí mi mano, y no hubo quien escuchase; antes desechasteis todo consejo mío, y mi represión no quisisteis." (Proverbios 1:24, 25.) Esa voz despierta recuerdos que ellos quisieran borrar, de avisos despreciados, invitaciones rechazadas, privilegios desdeñados.

Allí están los que se mofaron de Cristo en su humillación. Con fuerza penetrante acuden a su mente las palabras del Varón de dolores, cuando, conjurado por el sumo sacerdote, declaró solemnemente: "Desde ahora habéis de ver al Hijo del hombre sentado a la diestra de la potencia de Dios, y que viene en las nubes del cielo." (S. Mateo 26:64.) Ahora le ven en su gloria, y deben verlo aún sentado a la diestra del poder divino.

> *Los que pusieron en ridículo su aserto de ser el Hijo de Dios enmudecen ahora.*

Los que pusieron en ridículo su aserto de ser el Hijo de Dios enmudecen ahora. Allí está el altivo Herodes que se burló de su título real y mandó a los soldados escarnecedores que le coronaran. Allí están los hombres mismos que con manos impías pusieron sobre su cuerpo el manto de grana, sobre sus sagradas sienes la corona de espinas y en su dócil mano un cetro burlesco, y se inclinaron ante él con burlas de blasfemia. Los hombres que golpearon y escupieron al Príncipe de la vida, tratan de evitar ahora su mirada penetrante y de huir de la gloria abrumadora de su presencia. Los que atravesaron con clavos sus manos y sus pies, los soldados que le abrieron el costado, consideran esas señales con terror y remordimiento.

Los sacerdotes y los escribas recuerdan los acontecimientos del Calvario con claridad aterradora. Llenos de horror recuerdan cómo, moviendo sus cabezas con arrebato satánico, exclamaron: "A otros salvó, a sí mismo no puede salvar: si es el Rey de Israel, descienda ahora de la cruz, y creeremos en él. Confió en Dios; líbrele ahora si le quiere." (S. Mateo 27:42, 43.)

Recuerdan a lo vivo la parábola de los labradores que se negaron a entregar a su señor los frutos de la viña, que maltrataron a sus siervos y mataron a su hijo. También recuerdan la sentencia que ellos mismos pronunciaron: "A los malos destruirá miserablemente" el señor de la viña. Los sacerdotes y escribas ven en el pecado y en el castigo de aquellos malos labradores su propia conducta y su propia y merecida suerte. Y entonces se levanta un grito de agonía mortal. Más fuerte que los gritos de "¡Sea crucificado! ¡Sea crucificado!" que resonaron por las calles de Jerusalén, estalla el clamor terrible y desesperado: "¡Es el Hijo de Dios! ¡Es el verdadero Mesías!" Tratan de huir de la presencia del Rey de reyes. En vano tratan de esconderse en las hondas cuevas de la tierra desgarrada por la conmoción de los elementos.

En la vida de todos los que rechazan la verdad, hay momentos en que la conciencia se despierta, en que la memoria evoca el recuerdo aterrador de una vida de hipocresía, y el alma se siente atormentada de vanos pesares.

En la vida de todos los que rechazan la verdad, hay momentos en que la conciencia se despierta, en que la memoria evoca el recuerdo aterrador de una vida de hipocresía, y el alma se siente atormentada de vanos pesares. Mas ¿qué es eso comparado con el remordimiento que se experimentará aquel día "cuando viniere cual huracán vuestro espanto, y vuestra calamidad, como torbellino" ? (Proverbios 1:27, V.M.) Los que habrían querido matar a Cristo y a su pueblo fiel son ahora testigos de la gloria que descansa sobre ellos. En medio de su terror oyen las voces de los santos que exclaman en unánime júbilo: "¡He aquí éste es nuestro Dios, le hemos esperado, y nos salvará!" (Isaías 25:9.)

Capítulo 12

Basado en Apocalipsis 19 y 22.

La Liberación Final

La Liberación del Pueblo de Dios – Segunda Parte

E ntre las oscilaciones de la tierra, las llamaradas de los relámpagos y el fragor de los truenos, el Hijo de Dios llama a la vida a los santos dormidos. Dirige una mirada a las tumbas de los justos, y levantando luego las manos al cielo, exclama: "¡Despertaos, despertaos, despertaos, los que dormís en el polvo, y levantaos!" Por toda la superficie de la tierra, los muertos oirán esa voz; y los que la oigan vivirán. Y toda la tierra repercutirá bajo las pisadas de la multitud extraordinaria de todas las naciones, tribus, lenguas y pueblos. De la prisión de la muerte sale revestida de gloria inmortal gritando "¿Dónde está, oh muerte, tu aguijón? ¿dónde, oh sepulcro, tu victoria?" (1 Corintios 15:55.) Y los justos vivos unen sus voces a las de los santos resucitados en prolongada y alegre aclamación de victoria

La Gloriosa Resurrección

Todos salen de sus tumbas de igual estatura que cuando en ellas fueran depositados. Adán, que se encuentra entre la multitud resucitada, es de soberbia altura y formas majestuosas, de porte poco inferior al del Hijo de Dios. Presenta un contraste notable con los hombres de las generaciones posteriores; en este respecto se nota la gran degeneración de la raza humana. Pero todos se levantan con la lozanía y el vigor de eterna juventud. Al principio, el hombre fue creado a la semejanza de Dios, no sólo en carácter, sino también en lo que se refiere a la forma y a la fisonomía. El pecado borró e hizo desaparecer casi por completo la imagen divina; pero Cristo vino a restaurar lo que se había malogrado. El transformará nuestros cuerpos viles y los hará semejantes a la imagen de su cuerpo glorioso. La forma mortal y corruptible, desprovista de gracia, manchada en otro tiempo por el pecado, se vuelve perfecta, hermosa e inmortal. Todas las imperfecciones y deformidades quedan en la tumba. Reintegrados en su derecho al árbol de la vida, en el desde tanto tiempo perdido Edén, los redimidos crecerán hasta alcanzar la estatura perfecta de la raza humana en su gloria primitiva. Las últimas señales de la maldición del pecado serán quitadas, y los fieles discípulos de Cristo aparecerán en "la hermosura de Jehová nuestro Dios," reflejando en espíritu, cuerpo y alma la imagen perfecta de su Señor. ¡Oh maravillosa redención, tan descrita y tan esperada, contemplada con anticipación febril, pero jamás enteramente comprendida!

> *¡Oh maravillosa redención, tan descrita y tan esperada, contemplada con anticipación febril, pero jamás enteramente comprendida!*

Los justos vivos son mudados "en un momento, en un abrir de ojo." A la voz de Dios fueron glorificados; ahora son hechos inmortales, y juntamente con los santos resucitados son arrebatados para recibir a Cristo su Señor en los aires. Los ángeles "juntarán sus escogidos de los cuatro vientos, de un cabo del cielo hasta el otro." Santos ángeles llevan niñitos a los brazos de sus madres. Amigos, a quienes la muerte tenía separados desde largo tiempo, se reúnen para no separarse más, y con cantos de alegría suben juntos a la ciudad de Dios.

En cada lado del carro nebuloso hay alas, y debajo de ellas, ruedas vivientes; y mientras el carro asciende las ruedas gritan: "¡Santo!" y las alas, al moverse, gritan: "¡Santo!" y el cortejo de los ángeles exclama: "¡Santo, santo, santo, es el Señor Dios, el Todopoderoso!" Y los redimidos exclaman: "¡Aleluya!" mientras el carro se adelanta hacia la nueva Jerusalén.

La Bienvenida a la Santa Ciudad

Antes de entrar en la ciudad de Dios, el Salvador confiere a sus discípulos los emblemas de la victoria, y los cubre con las insignias de su dignidad real. Las huestes resplandecientes son dispuestas en forma de un cuadrado hueco en derredor de su Rey, cuya majestuosa estatura sobrepasa en mucho a la de los santos y de los ángeles, y cuyo rostro irradia amor benigno sobre ellos. De un cabo a otro de la innumerable hueste de los redimidos, toda mirada está fija en él, todo ojo contempla la gloria de Aquel cuyo aspecto fue desfigurado "más que el de cualquier hombre, y su forma más que la de los hijos de Adán."

Sobre la cabeza de los vencedores, Jesús coloca con su propia diestra la corona de gloria. Cada cual recibe una corona que lleva su propio "nombre nuevo" (Apocalipsis 2:17), y la inscripción: "Santidad a Jehová." A todos se les pone en la mano la palma de la victoria y el arpa brillante. Luego que los ángeles que mandan dan la nota, todas las manos tocan con maestría las cuerdas de las arpas, produciendo dulce música en ricos y melodiosos acordes. Dicha indecible estremece todos los corazones, y cada voz se eleva en alabanzas de agradecimiento. "Al que nos amó, y nos ha lavado de nuestros pecados con su sangre, y nos ha hecho reyes y sacerdotes para Dios y su Padre; a él sea gloria e imperio para siempre jamás." (Apocalipsis 1:5, 6.)

Delante de la multitud de los redimidos se encuentra la ciudad santa. Jesús abre ampliamente las puertas de perla, y entran por ellas las naciones que guardaron la verdad. Allí contemplan el paraíso de Dios, el hogar de Adán en su inocencia. Luego se oye aquella voz, más armoniosa que cualquier música que haya acariciado jamás el oído de los hombres, y que dice: "Vuestro conflicto ha terminado." "Venid, benditos de mi Padre, heredad el reino preparado para vosotros desde la fundación del mundo."

Entonces se cumple la oración del Salvador por sus discípulos: "Padre, aquellos que me has dado. quiero que donde yo estoy, ellos estén también conmigo." A aquellos a quienes rescató con su sangre, Cristo los presenta al Padre "delante de su

¡Oh maravillas del amor redentor!

gloria irreprensibles, con grande alegría" (S. Judas 24, V.M.), diciendo: "¡Heme aquí a mí, y a los hijos que me diste!" "A los que me diste, yo los guardé." ¡Oh maravillas del amor redentor! ¡qué dicha aquella cuando el Padre eterno, al ver a los redimidos verá su imagen, ya desterrada la discordia del pecado y sus manchas quitadas, y a lo humano una vez más en armonía con lo divino!

Con amor inexpresable, Jesús admite a sus fieles "en el gozo de su Señor." El Salvador se regocija al ver en el reino de gloria las almas que fueron salvadas por su agonía y humillación. Y los redimidos participarán de este gozo, al contemplar entre los bienvenidos a aquellos a quienes ganaron para Cristo por sus oraciones, sus trabajos y sacrificios de amor. Al reunirse en torno del gran trono blanco, indecible alegría llenará sus corazones cuando noten a aquellos a quienes han conquistado para Cristo, y vean que uno ganó a otros, y éstos a otros más, para ser todos llevados al puerto de descanso donde depositarán sus coronas a los pies de Jesús y le alabarán durante los siglos sin fin de la eternidad.

El Encuentro de los Dos Adanes

Cuando se da la bienvenida a los redimidos en la ciudad de Dios, un grito triunfante de admiración llena los aires. Los dos Adanes están a punto de encontrarse. El Hijo de Dios está en pie con los brazos extendidos para recibir al padre de nuestra raza al ser que él creó, que pecó contra su Hacedor, y por cuyo pecado el Salvador lleva las señales de la crucifixión. Al distinguir Adán las cruentas señales de los clavos, no se echa en los brazos de su Señor, sino que se prosterna humildemente a sus pies, exclamando: "¡Digno, digno es el Cordero que fue inmolado!" El Salvador lo levanta con ternura, y le invita a contemplar nuevamente la morada edénica de la cual ha estado desterrado por tanto tiempo.

Después de su expulsión del Edén, la vida de Adán en la tierra estuvo llena de pesar. Cada hoja marchita, cada víctima ofrecida en sacrificio, cada ajamiento en el hermoso aspecto de la naturaleza, cada mancha en la pureza del hombre, le volvían a recordar su pecado. Terrible fue la agonía del remordimiento cuando noto que aumentaba la iniquidad, y que en contestación a sus advertencias, se le tachaba de ser él mismo causa del pecado. Con paciencia y humildad soportó, por cerca de mil años, el castigo de su transgresión. Se arrepintió sinceramente de su pecado y confió en los méritos del Salvador prometido, y murió en la esperanza de la resurrección. El Hijo de Dios reparó la culpa y caída del hombre, y ahora, merced a la obra de propiciación, Adán es restablecido a su primitiva soberanía.

Adán es restablecido a su primitiva soberanía.

Transportado de dicha, contempla los árboles que hicieron una vez su delicia—los mismos árboles cuyos frutos recogiera en los días de su inocencia y dicha. Ve las vides que sus propias manos cultivaron, las mismas flores que se gozaba en cuidar en otros tiempos. Su espíritu abarca toda la escena; comprende que éste es en verdad el Edén restaurado y que es mucho más hermoso ahora que cuando él fue expulsado. El Salvador le lleva al árbol de la vida, toma su fruto glorioso y se lo ofrece para comer. Adán mira en torno suyo y nota a una multitud de los redimidos de su familia que se encuentra en el paraíso de Dios. Entonces arroja su brillante corona a los pies de Jesús, y, cayendo sobre su pecho, abraza al Redentor. Toca luego el arpa de oro, y por las bóvedas del cielo repercute el canto triunfal: "¡Digno, digno, digno es el Cordero, que fue inmolado y volvió a vivir!" La familia de Adán repite los acordes y arroja sus coronas a los pies del Salvador, inclinándose ante él en adoración.

Presencian esta reunión los ángeles que lloraron por la caída de Adán y se regocijaron cuando Jesús, una vez resucitado, ascendió al cielo después de haber abierto el sepulcro para todos aquellos que creyesen en su nombre. Ahora contemplan el cumplimiento de la obra de redención y unen sus voces al cántico de alabanza.

Delante del trono, sobre el mar de cristal,—ese mar de vidrio que parece revuelto con fuego por lo mucho que resplandece con la gloria de Dios—hállase reunida la compañía de los que salieron victoriosos "de la bestia, y de su imagen, y de su señal, y del número de su nombre." Con el Cordero en el monte de Sión, "teniendo las arpas de Dios," están en pie los ciento cuarenta y cuatro mil que fueron redimidos de entre los hombres; se oye una voz, como el estruendo de muchas aguas y como el estruendo de un gran trueno, "una voz de tañedores de arpas que tañían con sus arpas." Cantan "un cántico nuevo" delante del trono, un cántico que nadie podía aprender sino aquellos ciento cuarenta y cuatro mil. Es el cántico de Moisés y del Cordero, un canto de liberación. Ninguno sino los ciento cuarenta y cuatro mil pueden aprender aquel cántico, pues es el cántico de su experiencia—una experiencia que ninguna otra compañía ha conocido jamás. Son "éstos, los que siguen al Cordero por donde quiera que fuere." Habiendo sido trasladados de la tierra, de entre los vivos, son contados por "primicias para Dios y para el Cordero." (Apocalipsis 15:2, 3; 14:1-5.) "Estos son los que han venido de grande tribulación;" han pasado por el tiempo de angustia cual nunca ha sido desde que ha habido nación; han sentido la angustia del tiempo de la aflicción de Jacob; han estado sin intercesor durante el derramamiento final de los juicios de Dios. Pero han sido librados, pues "han lavado sus ropas, y las han blanqueado en la sangre del Cordero." "En sus bocas no ha sido hallado engaño; están sin má-cula" delante de Dios. "Por esto están delante del trono de Dios, y le sirven día y noche en su templo; y el que está sentado sobre el trono tenderá su pabe-llón sobre ellos." (Apocalipsis 7:14, 15.) Han visto la tierra asolada con hambre y pestilencia, al sol que tenía el poder de quemar a los hombres con un inten-so calor, y ellos mismos han soportado padecimientos, hambre y sed. Pero "no tendrán más hambre, ni sed, y el sol no caerá sobre ellos, ni otro ningún calor. Porque el Cordero que está en medio del trono los pastoreará, y los guiará a fuentes vivas de aguas: y Dios limpiará toda lágrima de los ojos de ellos." (Apocalipsis 7:14-17.)

> *En todo tiempo, los elegidos del Señor fueron educados y disciplinados en la escuela de la prueba.*

En todo tiempo, los elegidos del Señor fueron educados y discipli-nados en la escuela de la prueba. Anduvieron en los senderos angostos de la tierra; fueron purificados en el horno de la aflicción. Por causa de Jesús sufrieron oposición, odio y calumnias. Le siguieron a través de luchas dolorosas; se negaron a sí mismos y experimentaron amargos desengaños. Por su propia dolorosa experiencia conocieron los males del pecado, su poder, la culpabilidad que entraña y su maldición; y lo miran con horror. Al darse cuenta de la magnitud del sacrificio hecho para curarlo, se sienten humillados ante sí mismos, y sus corazones se llenan de una gratitud y alabanza que no pueden apreciar los que nunca cayeron. Aman mucho porque se les ha perdonado mucho. Habiendo participado de los sufrimientos de Cristo, están en condición de parti-cipar de su gloria.

Los herederos de Dios han venido de buhardillas, chozas, cárceles, cadalsos, montañas, desiertos, cuevas de la tierra, y de las cavernas del mar. En la tierra fueron "pobres, angustiados, maltratados." Millones bajaron a la tumba cargados de infamia, porque se negaron terminan-temente a ceder a las pretensiones engañosas de Satanás. Los tribunales humanos los sentenciaron como a los más viles criminales. Pero ahora

"Dios es el juez." (Salmo 50:6.) Ahora los fallos de la tierra son invertidos. "Quitará la afrenta de su pueblo." (Isaías 25:8.) "Y llamarles han Pueblo Santo, Redimidos de Jehová." Él ha dispuesto "darles gloria en lugar de ceniza, óleo de gozo en lugar del luto, manto de alegría en lugar del espíritu angustiado." (Isaías 62:12; 61:3.) Ya no seguirán siendo débiles, afligidos, dispersos y oprimidos. De aquí en adelante estarán siempre con el Señor. Están ante el trono, más ricamente vestidos que jamás lo fueron los personajes más honrados de la tierra. Están coronados con diademas más gloriosas que las que jamás ciñeron los monarcas de la tierra. Pasaron para siempre los días de sufrimiento y llanto. El Rey de gloria ha secado las lágrimas de todos los semblantes; toda causa de pesar ha sido alejada. Mientras agitan las palmas, dejan oír un canto de alabanza, claro, dulce y armonioso; cada voz se une a la melodía, hasta que entre las bóvedas del cielo repercute el clamor: "Salvación a nuestro Dios que está sentado sobre el trono, y al Cordero." "Amén: La bendición y la gloria y la sabiduría, y la acción de gracias y la honra y la potencia y la fortaleza, sean a nuestro Dios para siempre jamás." (Apocalipsis 7:10, 12.)

> *Pasaron para siempre los días de sufrimiento y llanto.*

El Lema de la Redención

En esta vida, podemos apenas empezar a comprender el tema maravilloso de la redención. Con nuestra inteligencia limitada podemos considerar con todo fervor la ignominia y la gloria, la vida y la muerte, la justicia y la misericordia que se tocan en la cruz; pero ni con la mayor tensión de nuestras facultades mentales llegamos a comprender todo su significado. La largura y anchura, la profundidad y altura del amor redentor se comprenden tan sólo confusamente. El plan de la redención no se entenderá por completo ni siquiera cuando los rescatados vean como serán vistos ellos mismos y conozcan como serán conocidos; pero a través de las edades sin fin, nuevas verdades se desplegarán continuamente ante la mente admirada y deleitada. Aunque las aflicciones, las penas y las tentaciones terrenales hayan concluido, y aunque la causa de ellas haya sido suprimida, el pueblo de Dios tendrá siempre un conocimiento claro e inteligente de lo que costó su salvación.

La cruz de Cristo será la ciencia y el canto de los redimidos durante toda la eternidad. En el Cristo glorificado, contemplarán al Cristo crucificado. Nunca olvidarán que Aquel cuyo poder creó los mundos innumerables y los sostiene a través de la inmensidad del espacio, el Amado de Dios, la Majestad del cielo, Aquel a quien los querubines y los serafines resplandecientes se deleitan en adorar—se humilló para levantar al hombre caído; que llevó la culpa y el oprobio del pecado, y sintió el ocultamiento del rostro de su Padre, hasta que la maldición de un mundo perdido quebrantó su corazón y le arrancó la vida en la cruz del Calvario. El hecho de que el Hacedor de todos los mundos, el Árbitro de todos los destinos, dejase su gloria y se humillase por amor al hombre, despertará eternamente la admiración y adoración del universo. Cuando las naciones de los salvos miren a su Redentor y vean la gloria eterna del Padre brillar en su rostro; cuando contemplen su trono, que es desde la eternidad hasta la eternidad, y sepan que su reino no tendrá fin, entonces prorrumpirán en un cántico de júbilo: "¡Digno, digno es el Cordero que fue inmolado, y nos ha redimido para Dios con su propia preciosísima sangre!"

El misterio de la cruz explica todos los demás misterios.

El misterio de la cruz explica todos los demás misterios. A la luz que irradia del Calvario, los atributos de Dios que nos llenaban de temor respetuoso nos resultan hermosos y atractivos. Se ve que la misericordia, la compasión y el amor paternal se unen a la santidad, la justicia y el poder. Al mismo tiempo que contemplamos la majestad de su trono, tan grande y elevado, vemos su carácter en sus manifestaciones misericordiosas y comprendemos, como nunca antes, el significado del apelativo conmovedor: "Padre nuestro."

Se echará de ver que Aquel cuya sabiduría es infinita no hubiera podido idear otro plan para salvarnos que el del sacrificio de su Hijo. La compensación de este sacrificio es la dicha de poblar la tierra con seres rescatados, santos, felices e inmortales. El resultado de la lucha del Salvador contra las potestades de las tinieblas es la dicha de los redimidos, la cual contribuirá a la gloria de Dios por toda la eternidad. Y tal es el valor del alma, que el Padre está satisfecho con el precio pagado; y Cristo mismo, al considerar los resultados de su gran sacrificio, no lo está menos.

Capítulo 13

Basado en Apocalipsis 20 y 21.

Un Pulso de Armonía

El Conflicto Concluido

"Vi un cielo nuevo y una tierra nueva; porque el primer cielo y la primera tierra han pasado." (Apocalipsis 21:1, V.M.) El fuego que consume a los impíos purifica la tierra. Desaparece todo rastro de la maldición. Ningún infierno que arda eternamente recordará a los redimidos las terribles consecuencias del pecado.

Sólo queda un recuerdo: nuestro Redentor llevará siempre las señales de su crucifixión. En su cabeza herida, en su costado, en sus manos y en sus pies se ven las únicas huellas de la obra cruel efectuada por el pecado. El profeta, al contemplar a Cristo en su gloria, dice: "Su resplandor es como el fuego, y salen de su mano rayos de luz; y allí mismo está el escondedero de su poder." (Habacuc 3:4, V.M.) En sus manos, y su costado heridos, de donde manó la corriente purpurina que reconcilió al hombre con Dios, allí está la gloria del Salvador, "allí mismo está el escondedero de su poder." "Poderoso para salvar" por el sacrificio de la redención, fue por consiguiente fuerte para ejecutar la justicia para con aquellos que despreciaron la misericordia de Dios. Y las marcas de su humillación son su mayor honor; a través de las edades eternas, las llagas del Calvario proclamarán su alabanza y declararán su poder.

"¡Oh, torre del rebaño, colina de la hija de Sión, a ti te llegará; sí, a ti vendrá el dominio anterior!" (Miqueas 4:8, V.M.) Llegó el momento por el cual suspiraron los santos desde que la espada de fuego expulsó a la primera pareja del paraíso—el tiempo de "la redención de la posesión adquirida." (Efesios 1:14.) La tierra dada al principio al hombre para que fuera su reino, entregada alevosamente por él a manos de Satanás, y conservada durante tanto tiempo por el poderoso enemigo, ha sido recuperada mediante el gran plan de la redención. Todo lo que se había perdido por el pecado, ha sido restaurado. "Así dice Jehová, ... el que formó la tierra y la hizo, el cual la estableció; no en vano la creó, sino que para ser habitada la formó." (Isaías 45:18, V.M.) El propósito primitivo que tenía Dios al crear la tierra se cumple al convertirse ésta en la morada eterna de los redimidos. "Los justos heredarán la tierra, y vivirán para siempre sobre ella." (Salmo 37:29.)

El Hogar Celestial

El temor de hacer aparecer la futura herencia de los santos demasiado material ha inducido a muchos a espiritualizar aquellas verdades que nos hacen considerar la tierra como nuestra morada. Cristo aseguró a sus discípulos que iba a preparar mansiones para ellos en la casa de su Padre. Los que aceptan las enseñanzas de la Palabra de Dios no ignorarán por completo lo que se refiere a la patria celestial. Y sin embargo son "cosas que ojo no vio, ni oído oyó, y que jamás entraron en pensamiento humano las cosas grandes que ha preparado Dios para los que le aman." (1 Corintios 2:9, V.M.) El lenguaje humano no alcanza a describir la recompensa de los justos. Sólo la conocerán quienes la contemplen. Ninguna inteligencia limitada puede comprender la gloria del paraíso de Dios.

Ninguna inteligencia limitada puede comprender la gloria del paraíso de Dios.

En la Biblia se llama la herencia de los bienaventurados una patria. (Hebreos 11:14-16.) Allí conduce el divino Pastor a su rebaño a los manantiales de aguas vivas. El árbol de vida da su fruto cada mes, y las hojas del árbol son para el servicio de las naciones. Allí hay corrientes que manan eternamente, claras como el cristal, al lado de las cuales se mecen árboles que echan su sombra sobre los senderos preparados para los redimidos del Señor. Allí las vastas llanuras alternan con bellísimas colinas y las montañas de Dios elevan sus majestuosas cumbres. En aquellas pacíficas llanuras, al borde de aquellas corrientes vivas, es donde el pueblo de Dios que por tanto tiempo anduvo peregrino y errante, encontrará un hogar.

"Mi pueblo habitará en mansión de paz, en moradas seguras, en descansaderos tranquilos." "No se oirá más la violencia en tu tierra, la desolación ni la destrucción dentro de tus términos; sino que llamarás a tus muros Salvación, y a tus puertas Alabanza." "Edificarán casas también, y habitarán en ellas; plantarán viñas, y comerán su fruto. No edificarán más para que otro habite, ni plantarán para que otro coma; … mis escogidos agotarán el usufructo de la obra de sus manos." (Isaías 32:18; 60:18; 65:21, 22, V.M.)

El dolor no puede existir en el ambiente del cielo. Allí no habrá más lágrimas, ni cortejos fúnebres, ni manifestaciones de duelo.

Allí "se alegrarán el desierto y el sequedal, y el yermo se regocijará y florecerá como la rosa." "En vez del espino subirá el abeto, y en lugar de la zarza subirá el arrayán." "Habitará el lobo con el cordero, y el leopardo sesteará junto con el cabrito; … y un niñito los conducirá." "No dañarán, ni destruirán en todo mi santo monte," dice el Señor. (Isaías 35:1; 55:13; 11:6, 9, V.M.)

El dolor no puede existir en el ambiente del cielo. Allí no habrá más lágrimas, ni cortejos fúnebres, ni manifestaciones de duelo. "Y la muerte no será más; ni habrá más gemido ni clamor, ni dolor; porque las cosas de antes han pasado ya." "No dirá más el habitante: Estoy enfermo; al pueblo que mora en ella le habrá sido perdonada su iniquidad." (Apocalipsis 21:4; Isaías 33:24, V.M.)

La Ciudad de Dios

Allí está la nueva Jerusalén, la metrópoli de la nueva tierra glorificada, "corona de hermosura en la mano de Jehová, y una diadema real en la mano de nuestro Dios." "Su luz era semejante a una piedra preciosísima, como piedra de jaspe, transparente como el cristal." "Las naciones andarán a la luz de ella; y los reyes de la tierra traen a ella su gloria." El Señor dijo: "Me regocijaré en Jerusalem, y gozaréme en mi pueblo." "¡He aquí el tabernáculo de Dios está con los hombres, y él habitará con ellos, y ellos serán pueblos suyos, y el mismo Dios con ellos estará, como Dios suyo!" (Isaías 62:3; Apocalipsis 21:11, 24; Isaías 65:19; Apocalipsis 21:3, V.M.)

En la ciudad de Dios "no habrá ya más noche." Nadie necesitará ni deseará descanso. No habrá quien se canse haciendo la voluntad de Dios ni ofreciendo alabanzas a su nombre. Sentiremos siempre la frescura de la mañana, que nunca se agostará. "No necesitan luz de lámpara, ni luz del sol; porque el Señor Dios los alumbrará." (Apocalipsis 22:5, V.M.) La luz del sol será sobrepujada por un brillo que sin deslumbrar la vista excederá sin medida la claridad de nuestro mediodía. La gloria de Dios y del Cordero inunda la ciudad santa con una luz que nunca se desvanece. Los redimidos andan en la luz gloriosa de un día eterno que no necesita sol.

"No vi templo en ella; porque el Señor Dios Todopoderoso, y el Cordero son el templo de ella." (Apocalipsis 21:22, V.M.) El pueblo de Dios tiene el privilegio de tener comunión directa con el Padre y el Hijo. "Ahora vemos obscuramente, como por medio de un espejo." (1 Corintios 13:12, V.M.) Vemos la imagen de Dios reflejada como en un espejo en las obras de la naturaleza y en su modo de obrar para con los hombres; pero entonces le veremos cara a cara sin velo que nos lo oculte. Estaremos en su presencia y contemplaremos la gloria de su rostro.

> *Toda facultad será desarrollada, toda capacidad aumentada.*

Allí los redimidos conocerán como son conocidos. Los sentimientos de amor y simpatía que el mismo Dios implantó en el alma, se desahogarán del modo más completo y más dulce. El trato puro con seres santos, la vida social y armoniosa con los ángeles bienaventurados y con los fieles de todas las edades que lavaron sus vestiduras y las emblanquecieron en la sangre del Cordero, los lazos sagrados que unen a "toda la familia en los cielos, y en la tierra" (Efesios 3:15, V.M.)—todo eso constituye la dicha de los redimidos.

Allí intelectos inmortales contemplarán con eterno deleite las maravillas del poder creador, los misterios del amor redentor. Allí no habrá enemigo cruel y engañador para tentar a que se olvide a Dios. Toda facultad será desarrollada, toda capacidad aumentada. La adquisición de conocimientos no cansará la inteligencia ni agotará las energías. Las mayores empresas podrán llevarse a cabo, satisfacerse las aspiraciones más sublimes, realizarse las más encumbradas ambiciones; y sin embargo surgirán nuevas alturas que superar, nuevas maravillas que admirar, nuevas verdades que comprender, nuevos objetos que aguicen las facultades del espíritu, del alma y del cuerpo.

> *Y a medida que los años de la eternidad transcurran, traerán consigo revelaciones más ricas y aún más gloriosas respecto de Dios y de Cristo.*

Todos los tesoros del universo se ofrecerán al estudio de los redimidos de Dios. Libres de las cadenas de la mortalidad, se lanzan en incansable vuelo hacia los lejanos mundos—mundos a los cuales el espectáculo de las miserias humanas causaba estremecimientos de dolor, y que entonaban cantos de alegría al tener noticia de un alma redimida. Con indescriptible dicha los hijos de la tierra participan del gozo y de la sabiduría de los seres que no cayeron. Comparten los tesoros de conocimientos e inteligencia adquiridos durante siglos y siglos en la contemplación de las obras de Dios. Con visión clara consideran la magnificencia de la creación—soles y estrellas y sistemas planetarios que en el orden a ellos asignado circuyen el trono de la Divinidad. El nombre del Creador se encuentra escrito en todas las cosas, desde las más pequeñas hasta las más grandes, y en todas ellas se ostenta la riqueza de su poder.

Y a medida que los años de la eternidad transcurran, traerán consigo revelaciones más ricas y aún más gloriosas respecto de Dios y de Cristo. Así como el conocimiento es progresivo, así también el amor, la reverencia y la dicha irán en aumento. Cuanto más sepan los hombres acerca de Dios, tanto más admirarán su carácter. A medida que Jesús les descubra la riqueza de la redención y los hechos asombrosos del gran conflicto con Satanás, los corazones de los redimidos se estremecerán con gratitud siempre más ferviente, y con arrebatadora alegría tocarán sus arpas de oro; y miríadas de miríadas y millares de millares de voces se unirán para engrosar el potente coro de alabanza.

"Y a toda cosa creada que está en el cielo, y sobre la tierra, y debajo de la tierra, y sobre el mar, y a todas las cosas que hay en ellos, las oí decir: ¡Bendición, y honra y gloria y dominio al que está sentado sobre el trono, y al Cordero, por los siglos de los siglos!" (Apocalipsis 5:13, V.M.)

El gran conflicto ha terminado. Ya no hay más pecado ni pecadores. Todo el universo está purificado. La misma pulsación de armonía y de gozo late en toda la creación. De Aquel que todo lo creó manan vida, luz y contentamiento por toda la extensión del espacio infinito. Desde el átomo más imperceptible hasta el mundo más vasto, todas las cosas animadas e inanimadas, declaran en su belleza sin mácula y en júbilo perfecto, que Dios es amor.

La Biblia es más relevante que nunca en tu vida y la familia. ¡Podemos demostrarlo! Nuestros Guías de Estudio de la Biblia le ayudará a entender mejor la Biblia de lo que nunca antes usted pudo....

¡ENCUENTRE RESPUESTAS AHORA!

Remnant
Publications

ENVIÉ POR LAS GUÍAS IMPRIMIDAS COMPLETAMENTE GRATIS!

(o tome los estudios en la internet www.remnantpublications.com/contact-us/online-bible-school.html)

Bible Correspondence Course
P.O. Box 426
Coldwater, MI 49036

_____

Nombre Completo

_____

Dirección   Ciudad   Estado   Código Postal

_____

Email   Teléfono

Si te ha gustado este libro te encantará el conjunto compañero Estudio de la Biblia Completo.

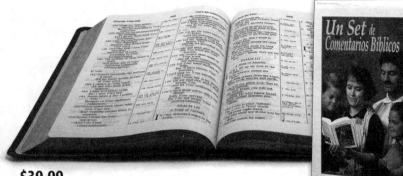

$39.99
RP12000

E.G. WHITE

E. G. WHITE Estudio de la Biblia Completo de cinco volúmenes, que abarca el tiempo desde antes de los comienzos de la tierra hasta el cumplimiento final del plan de Dios para su pueblo, es simplemente el comentario de la Biblia más bellamente escrito y perspicaz jamás producido. Por lo tanto, pensamos que sólo es apropiado ofrecer estos maravillosos libros en este formato de bonito diseño que se convertirá en un tesoro de sabiduría para las generaciones futuras.

El envío es gratis con el código de cupón: NOE2014.
Cuando page ingrese este código en la caja para recibir él envió gratis solamente en EE.UU.

Visita www.remnantpublications.com
O llame al (800) 423-1319